ビジネス

The Golden rules for business Instagram

誰でもゼロから
フォロワー1万人超
が実現できる！

Instagram の

黄金律（ルール）

NAKAJIMA YUKO

中島 侑子 著

日本能率協会マネジメントセンター

はじめに

　女性が、ライフステージの変化とともに、人生の選択肢を自由に決められる社会をつくりたい。そのために、個々が発信力、影響力を持つことが大切——。

　そうした想いとともに、2019年に立ち上げたTOKYOインフルエンサーアカデミー（TIA）。

　入学は審査制にもかかわらず、開校以来常に満席。

　今や入学倍率は7.5倍、4年間で育て上げたインフルエンサーは302人、受講生たちの累計フォロワー数は302万人以上にものぼります。

　こう書くと、特別な人たちだけの講座に見えるかもしれませんが、TIAで学んだインフルエンサーの中には、経営者や個人事業主だけでなく、専業主婦やOLといった「自分でビジネスをされていない方」もたくさんいらっしゃいます。

　講座の入学審査では、受講生の熱意や人柄を重視しているため、インスタグラムを始めてはみたものの、うまくいかずに悩んでいる人はもちろん、中には最初は初心者だったという人も。

　「夢を実現したい！」「自分らしい人生を歩みたい！」という熱意のある人たちに、再現性の高いインスタグラムの発信メソッドを提供するとともに、これまで私自身が学んできたセルフブランディングやコーチングの知識を生かして伴走していくことで、

- 1日4時間かけてブログ記事を書いて集客していた恋愛コンサルタントが、1日10分のインスタグラム投稿に切り替え年商1億円突破
- 集客に困っていたエステサロンが、インスタグラムでできたファンが全国から殺到し予約がとれない人気店に
- リールがバズって1か月で1万フォロワーになり、Yahoo!ニュースに掲載
- 地方の旅館がインスタグラムを通して採用も収益もうなぎ上りになり、メディア取材も殺到

　など、次々に夢を実現していく姿を見てきました。
　その影響力は、個人にとどまらず、企業や地方自治体などにも及ぶほどになっています。

　その中で私が強く実感しているのは、「誰でも、いつからでも、ゼロからでもインスタグラムでフォロワーを増やし、夢を叶えることができる」ということです。

　インスタグラムにはすでにたくさんのインフルエンサーがいるため、「今から始めても……」と思うかもしれませんが、そんなことはありません。
　それは、TIAで教えているインスタグラムの発信方法を実践している受講生たちが証明してくれています。

　本書では、これまでTIAの受講生にしかお伝えしていなかったメソッドを、初めて公開しました。

個人でインスタグラムを伸ばしたい人はもちろん、企業アカウントを担当している人でも使える、再現性の高いメソッドを厳選するとともに、インスタグラムを運用する中で直面しやすい疑問や問題への対処方法も紹介しています。

　大切なことは、自分自身の目標や夢をしっかりと言語化し、それを実現するために行動することです。
　本書をきっかけに、多くの人が発信力を身につけ、自分自身の目標や夢を実現する第一歩を踏み出すことを願っています。

2023年10月

中島侑子

CONTENTS

はじめに ———————————————————————— 3

第 1 章 ▶ **フォローされる
アカウントの設計方法** ◀

1 │ 今インスタグラムをやるべき3つの理由 ———————— 16

2 │ インスタグラムと相性がいい投稿内容とは ————————— 18

3 │ インスタグラムを活用する上で最も重要なこと ———— 20

4 │ インスタグラムで大切な「世界観」とは ———————————— 22

5 │ フォロワーが増え、
ファンが生まれる世界観の作り方 ———————————— 24

6 │ フォローされやすいプロフィールを作る
❶自己紹介文に盛り込むべき3つの項目 ———————— 26

7 │ フォローされやすいプロフィールを作る
❷「人」のあたたかみが感じられる写真を選ぶ ———— 28

8 │ ユーザーネームを決めるときに気を付けるべきこと
❶適切な言葉を探す ———————————————————— 30

9 │ ユーザーネームを決めるときに気を付けるべきこと
❷SEOを意識する ———————————————————————— 32

10 │ 名前でSEO対策をするためのキーワードの選び方 —— 34

11 │ 名前を決める3つのポイント ———————————————————— 36

12 │ インスタグラムでの発信を続けていくための心構え —— 38

第 2 章 ▶ ビジネスにつながる投稿の作り方 ◀

13 | 発信を届けるターゲットを設定する ——————— 42

14 | 投稿のテーマを設定する
「このテーマならこの人!」と選ばれる人になる ——————— 44

15 | まずは最初の100日の投稿内容を決める ——————— 46

16 | 類似アカウントをリサーチしよう
❶ 人気アカウントを分析する ——————— 48

17 | 類似アカウントをリサーチしよう
❷ ターゲットの興味を深掘りする ——————— 50

18 | 類似アカウントをリサーチしよう
❸ 別ジャンルのアカウントに学ぶ ——————— 52

19 | リサーチ対象を効率よく検索する方法 ——————— 54

20 | プロフィールをブラッシュアップする
❶ 何をしている人なのか ——————— 56

21 | プロフィールをブラッシュアップする
❷ 実績・強み・権威性フェイス ——————— 58

22 | プロフィールをブラッシュアップする
❸ 親近感を出す ——————— 60

23 | 自分にあった投稿スタイルを知ろう ——————— 62

24 | 「いいね」されやすい写真投稿の作り方
❶ 切り口を工夫する ——————— 64

25 | 「いいね」されやすい写真投稿の作り方
❷ テイストを統一する ——————— 66

26 「いいね」されやすい写真投稿の作り方
　❸嫌われない自撮りの撮り方 ———————————— 68

27 フォロワーの興味を引く文字投稿の作り方
　❶1枚目はキャッチコピーが命! ———————————— 70

28 フォロワーの興味を引く文字投稿の作り方
　❷2枚目以降で心を動かす ———————————— 72

29 文字+写真の投稿の活かし方
　❶ビジネス感を抑える ———————————— 74

30 文字+写真の投稿の活かし方
　❷楽しい雰囲気を演出する ———————————— 76

31 エンゲージメントを高める動画投稿 ———————————— 78

32 長い動画じゃなくてもOK!
　滞在時間をのばす3つの工夫 ———————————— 80

33 コメントをうながしてアルゴリズムを攻略する ———————— 82

34 滞在時間をのばす工夫を投稿に織り込む ———————————— 84

35 3つの数字を理解して目標達成に近づこう ———————————— 86

36 インスタ映えを狙わなくてOK!
　Notesを楽しもう ———————————— 88

37 サブスクリプション機能と
　一斉配信チャンネルとは ———————————— 90

38 メタ認証を取得する2つのメリット ———————————— 92

第 3 章 ▶ ハッシュタグ攻略法 ◀

39	「タグる」ユーザーが増えている4つの理由	96
40	ハッシュタグ活用の基本	98
41	ハッシュタグ、どこに入れるのが正解?	100
42	あなたにあったハッシュタグ戦略を考えよう	102
43	あなたのアカウントの傾向を知ろう	104
44	ハッシュタグで人気投稿にのるには	106
45	投稿と関係のないハッシュタグは逆効果	108
46	タイムリーな話題を織り込むことで ハッシュタグのマンネリ化を防ぐ	110

第 4 章 ▶ ストーリーズを使った コミュニケーション術 ◀

47	ストーリーズの3つの特徴	114
48	ストーリーズでファンを作る秘訣	116
49	ストーリーズの閲覧数を増やすコツ	118
50	ストーリーズでフォロワーとの 関係を深める2つのコツ①	120
51	ストーリーズでフォロワーとの 関係を深める2つのコツ②	122

52 | フォロワーとのコミュニケーションが
増える3つの機能 ——————— 124

53 | フォロワーの評価が高まる
自己紹介ストーリーズの作り方 ——————— 126

54 | プロセスをシェアしてフォロワーを味方につける ——— 128

55 | リンク機能を生かしてビジネスを発展させよう ——————— 130

第 5 章 ▶ **ターゲットにリーチする
リールの使い方** ◀

56 | 誰でもバズれる!　リールの基本 ——————— 134

57 | リールでフォロワーが増える3つの理由 ——————— 136

58 | リールからフォローまでのポイント ——————— 138

59 | 再生回数の落とし穴にはまらない! ——————— 140

60 | 視聴時間をのばす3つの秘訣
❶難しすぎない内容にする ——————— 142

61 | 視聴時間をのばす3つの秘訣
❷1回で全て理解させない ——————— 144

62 | 視聴時間をのばす3つの秘訣
❸コメント欄、概要欄を活用する ——————— 146

63 | バズるビジネスリール5パターン
❶ビフォーアフター系 ——————— 148

64 | バズるビジネスリール5パターン
❷まとめ系 ——————— 150

65 バズるビジネスリール5パターン
③ 実物を出して解説 —————————— 152

66 バズるビジネスリール5パターン
④ 裏側系 —————————————— 154

67 バズるビジネスリール5パターン
⑤ ノウハウ系 —————————————— 156

68 「飽きられない」リール作り4つのポイント —— 158

69 リールでの「オファー」は控えめに —————— 160

70 「学びのユーザー」のフォロワーを増やしたいときは —— 162

71 まとめ機能の活用法 ——————————— 164

第 6 章 ▶ フォロワーをファンに変える！
インスタライブにチャレンジしよう ◀

72 インスタライブの基本を理解する —————— 168

73 インスタライブをやる前に考えたい2つのポイント —— 170

74 インスタライブの3つのポイント
① フォロワーとのコミュニケーション ———— 172

75 インスタライブの3つのポイント
② 価値提供 ————————————————— 174

76 インスタライブの3つのポイント
③ コラボして認知を広める ————————— 176

77 インスタライブを商品販売のチャンスに変える
① 告知は多少しつこくてもOK! ——————— 178

78 インスタライブを商品販売のチャンスに変える
❷ プレミアム感を出そう ——————————— 180

79 バッジ機能でチャンスを掴む ——————————— 182

80 自己開示＋GIVEの精神でファンの心を動かす ——————— 184

第 7 章 ▶ | もう困らない！
鉄板インスタ集客術 ◀

81 見落としがちな集客の本質 ——————————— 188

82 集客がうまくいく人の共通点 ——————————— 190

83 プッシュ型とプル型メディアの違いを意識する ————— 192

84 インスタグラムで集客する3つの方法 ——————— 194

85 結果につながる集客法
1-1 メールやLINE公式に誘導する ——————— 196

86 結果につながる集客法
1-2 メルマガへの動線の作り方 ——————————— 198

87 結果につながる集客法
2-1 フィード投稿で直接集客する ——————————— 200

88 結果につながる集客法
2-2 ストーリーズの活用法 ——————————— 202

89 結果につながる集客法
3 インスタライブ・プロモーション ——————— 204

90 誰でもできる！ 集客に困らない2つのポイント ——— 206

第 **8** 章 ▶ こういうときどうしたらいい?!
困ったときの対処法 ◀

91 画像から個人情報を特定されないための注意点 —— 210

92 音楽や写真を使うときは著作権に注意! —— 212

93 フォロワーの数と質、どっちが大事?
❶ 数を増やす戦略が適したジャンル —— 214

94 フォロワーの数と質、どっちが大事?
❷ 質重視の戦略が適したジャンル —— 216

95 インスタグラムとスレッズの違いを生かすには —— 218

96 フォロワーとのトラブルや、
困った人との向き合い方 —— 220

97 自分の商品がなくても
インスタグラムは収益化できる? —— 222

98 顔出しせずにアカウントを育てるには —— 224

99 アカウント凍結、なりすまし、のっとりへの対処法 —— 226

100 新機能追加など、流れについていけないときは —— 228

おわりに —— 230

第 1 章

▼

フォローされる
アカウントの
設計方法

▲

1　今インスタグラムをやるべき3つの理由

今からインスタグラムを始めても遅い？

　この本を手に取ってくださっているのは、発信力をつけて仕事につなげたい、企業からPRの依頼をいただきたい、自分の世界や可能性を広げたい！　という方々かと思います。そのため、
- どのSNSがいいんだろう？
- どうやってフォロワーを増やせばいいの？
- 一般人でも知名度を上げてファンを作ることはできる？

そんな疑問を持っているのではないでしょうか。

　インスタグラムでの発信について教えている者としてあるまじき発言かもしれませんが、私は正直、「夢を叶える手段」は、インスタグラムでも他のSNSでもなんでもいいと思っています。

　しかし、**インスタグラムは他のSNSよりも圧倒的にスピーディーに夢が叶います。**

　ポイントさえ押さえれば「誰でも」その可能性があります。

インスタグラムを始めるべき3つの理由

「今からインスタグラムを始めても遅くないですか？」

　よくいただく質問ですが、答えは1つ。

「遅くないです！　今すぐ始めましょう！」

今こそインスタグラムをやるべき理由は3つあります。

1 年齢層が広く、アクティブユーザー数が多い

メタ・プラットフォームズ社が公表している情報によると、インスタグラムのアクティブユーザーは全世界で10億人以上。日本だけを見ても、4人に1人が利用していると言われています。

2 機能が充実しており、今後も成長見込みが高い

ストーリーズをはじめ、リール機能などはご存じの方も多いと思いますが、ショッピング機能や広告提供なども充実しています。ビジネスをする環境が整っているのも特徴です。

3 炎上しにくく、ビジネスに向いている

ポジティブな投稿が好まれ、炎上した事例は多くありません。匿名 SNS の中でも安心して運用できる SNS と言えるでしょう。

私は、2019年から TOKYO インフルエンサーアカデミー（TIA）を主宰し、302人の方々に運用方法をお教えしてきましたが、多くの方々が短期間でフォロワー1万人を突破されました。ですから、安心してこれからご紹介する法則を実践していってくださいね！

point

インスタグラムを始めるのに遅すぎるということはない！
ポイントを押さえて、どんどん実践していこう！

2 インスタグラムと相性が いい投稿内容とは

「じゃあ、さっそくインスタグラムを始めてみよう！」
と思った方、そのマインドはとても素晴らしいです！
まずは何事もやってみなければ始まりません。

1では、「夢を実現できるならどのSNSでもOK」と書きましたが、それぞれのSNSには「相性がいいジャンル」があります。**自分が投稿したい内容と相性がいいSNSを選ぶことも**、夢を実現するための1つの大切なポイントです。
では、インスタグラムはどのようなジャンルがよいのでしょうか？

写真で魅力を伝えられるもの

皆さんもおわかりの通り、インスタグラムは写真や動画で魅力を伝えられるのが大きな特長ですよね。
特に、きれいな写真を見て、「この商品かわいい！」「ここに行ってみたい！」と思い、実際に買い物や旅行をしたことがある方もいらっしゃるかもしれません。

そのため、グルメ、コスメ、アパレル、インテリア、旅行など

のジャンルは、特に相性がよいと言えるでしょう。

動画で見せられるもの

メイクのしかたや商品の制作プロセス、講座のようすなどを動画で見られるのは、とても興味をそそられますし、わかりやすいですよね！

短時間で、多くの魅力を伝えられるのが動画のメリット。
セミナーなどは特に、写真だけだと魅力が伝わりにくいのですが、動画で見せるとどんな内容かわかりやすくなります。

"インスタ映え" を狙う必要はない

魅力的な写真や動画は、インスタグラムでフォロワーを増やす上での1つの大きなポイントです。

「でも、"映える"写真なんて撮ったことがないのですが……」
という方も、安心してください！
「インスタ映え」は今や絶対条件ではありません。

後ほど写真を撮るコツもご紹介しますが、商品やサービスの魅力が一番伝わる投稿を、本書を通して作っていきましょう！

point

あなたの商品や投稿したいことは、どうすれば一番魅力が伝わるか考えて SNS を選ぶことが大切。

3 インスタグラムを活用する 上で最も重要なこと

インスタグラムをビジネスで活用するときに最も大切なことは、どういうことでしょうか？

役に立つ情報を投稿し続けること？
フォロワーを何万人にも増やすこと？
それとも、きれいな写真を使うことでしょうか？
これらは全て大切ではありますが、もっともっと重要なことがあります。

それは、「**目標を設定する**」ということです。
インスタグラムを通じて、あなたが実現したい最高の未来。
それを実現するために、インスタグラムを活用しましょう。

「具体性」のある目標設定をしよう

例えばあなたが美容師だったとしましょう。
もしあなたの目標が、「自分の認知度を高めたい！」だったとしたら、誰に向けて何を投稿したらよいと思いますか。

美容師といっても、カットやパーマの技術、ヘアセット、ヘア

ケアのしかた、シャンプーやコンディショナーといった製品情報
など、発信できる情報はたくさんあります。

　かえって、何を投稿すれば認知度が高まるのか、わからないの
ではないでしょうか。

　一方、あなたの目標が、
「髪が傷みやすくて悩んでいる人に、手軽なヘアケアを伝えたい」
　だったとしたら、どうですか。

　髪が傷まない頭の洗い方や、効果が高いヘアケアアイテムなど
の情報を配信すると興味を持ってもらえるかもしれませんね。

「似合うヘアスタイルがわからなくていつも悩んでしまう人に、
その人に合ったスタイルを提案したい」

　という目標を持っていたら、骨格別ヘアスタイル診断や、カ
ラーの選び方といった投稿もいいでしょう。

　このように、実現したい目標がはっきりしていると、発信した
いメッセージ、画像、プロフィール、フィード、ストーリーズ、
ハッシュタグなどが自然と見えてきます。

　あなたがインスタグラムで実現したい目標は何なのか、改めて
考えてみてくださいね！

point

あなたの「実現したい目標」はどんなこと?

4 インスタグラムで大切な「世界観」とは

パッと見た瞬間にどんなアカウントかわかるのが「世界観」

インスタグラムでは、よく「世界観が大事」だと言われます。

耳にしたことがある方もいらっしゃるかもしれませんが、「世界観」って結局何のことなのでしょうか?

例えば、インスタグラムを見ていて、気になる投稿があったとします。

「もっとこの人の投稿を知りたいな」と思ったら、プロフィール画面を見に行きますよね。

そこで、プロフィールに表示されている写真のサムネイルを見て、「私の好きな雰囲気の投稿だな」「知りたい情報を投稿しているな」と思ったからフォローした、という経験はないでしょうか。

この、**「パッと見た瞬間にどんなアカウントかわかる」**ことが**「世界観」**だと思ってください。

「気になる投稿を見つけたら、他の投稿やプロフィールを確認してからフォローするかどうかを決める」というのは、つまり世界観を確認してからフォローするということ。

もしあなたの「こう見せたい」と思っている印象と実際の投稿内容がチグハグになっていると、何をしている人なのか伝わらず、投稿内容に興味を持ってもらえません。

世界観がないと、フォローされにくくなるのです。

「じゃあ、どうやって世界観を作ればいいの？」と思ったあなた、次の項目から、一緒に考えていきましょう！

point

インスタグラムでは、「パッと見た瞬間に、どんなアカウントなのかわかる」ことが重要。「実現したい目標」にあった世界観を作ろう。

フォロワーが増え、ファンが生まれる世界観の作り方

写真で世界観を作る

右下の写真は、2018年頃の私のフィード画面です。

インスタグラムを始めたとき、私は「旅」、それも「小さな子どもと一緒の旅」に特化して投稿していました。

つまり、「小さな子どもと幸せに旅をする」という世界観を作っていたわけです。

世界観ができると、同じように小さな子どもを持つママ層に興味を持っていただけるようになっていきますし、「私もこんなふうに子どもと旅行をしたいな」と思っている人がフォローしてくれます。

もしもここで、グルメやショッピングなど、小さな子どもとの旅とは離れた写真を投稿していたら、おそらく誰にも刺さらない

アカウントになってしまっていたでしょう。

　写真は、文字に比べて約7倍もの情報を伝達できると言われていますから、どんな写真を投稿するかで、ユーザーに伝わる印象が全く変わります。

　すでにご自身のアカウントがある方は、お友達などに「どんな世界観に見える?」と聞いてみてもいいかもしれませんね。

世界観のヒントはあなたの中にある

　世界観を作るうえでヒントになるのは、より詳細で具体的なイメージです。

　私の例でいえば、単なる「旅」でも「子ども」でもなく、「小さな子どもを連れて年数回海外旅行に行くライフスタイル」、つまり「小さな子どもがいると旅に行けない……」という常識を打ち破るライフスタイルが特徴となります。

　ちょっとした違いに思えるかもしれませんが、あなたらしい世界観のヒントは、あなたの「実現したい最高の未来」をより具体的にイメージすることの中にあります。

　その特徴を言語化し、それを意識しながら投稿することができれば、共感や憧れを呼ぶ世界観を作ることができるでしょう。

> **point**
>
> あなたの目標の中で最も伝えたいことや、自分の特徴は何かを明確にする。それが、あなただけの世界観を作ることにつながる。

フォローされやすい
プロフィールを作る

① 自己紹介文に盛り込むべき3つの項目

　世界観を作っていく際に、投稿以外に確認していただきたいものがあります。それは、**プロフィール**です。

　プロフィールが整っていないと、フィードを見ずに離脱してしまう可能性もあります。

　ここでは、プロフィール文を作るポイントを3つ紹介します。

1 どんな発信をしているか

　まず何より大切なのは、どんな投稿をしているかですよね。自分の知りたい情報か、好きな世界観かといったことが重要になります。

　ターゲットに何を届けたいのか、どのような世界観が好まれるのか、研究しましょう。

2 実績・強み

「お医者さんが言うのなら間違いない」「大学の教授がそう言うなら、それが正しいに違いない」。

　このように、人はなんらかの肩書きや実績（権威）を持つ人のことを信用しやすい性質を持っています。

　ちなみに、専業主婦歴10年なども立派な実績です。料理のレシ

ピや掃除のコツ、子育てのことを紹介する時に活きてきます。

自分では一見「実績ではない」と思うようなことでも他者から見たら実績なのです。

3 親しみやすさ

あなたが誰かのアカウントをフォローするとき、その理由はさまざまですよね。ですから、必ずしもタレントや著名人のような存在になることを目指していく必要はありません。

大切なのは「憧れを保ちつつも、共感できるポイントを入れていく」ということです。

たとえば、TIA の受講生の佐藤久美さんは、創業50年の旅館の女将という実績がありながら、同時に「お酒弱いソムリエ」とも明かしています。

こうしたくすっと笑えるところや、突っ込みどころを盛り込むと、親近感や共感を持ちやすくなります。人となりが見える共感ポイントを入れると、親近感を抱いてもらいやすくなるのです。

---

point

> フォローされやすいプロフィールを作るうえでは、「信頼や憧れ」と「親近感と共感」のバランスを意識する。

---

7 フォローされやすい
プロフィールを作る

② 「人」のあたたかみが感じられる写真を選ぶ

　前の項目では、フォローされやすいプロフィール文のポイント
を紹介しましたが、フォローされやすい写真には4つの共通点が
あります。

1 できるだけ顔写真を使う

　プロフィール写真を風景や花、動物などにしている方も多いか
もしれませんが、フォロワー数を伸ばしたいと考えているならば
顔写真にするのがおすすめです。

　顔を出せない方は、横顔や後ろ姿でもいいので、とにかく「人」
とわかる写真に変えましょう。横顔や後ろ姿もちょっと……とい
う方は、似顔絵でも構いません。
　**インスタグラムはコミュニケーションツールですから、相手が
実在する人であるというリアルさや親近感が重要**なのです。

2 明るい写真を選ぶ

　せっかく顔写真を使っても、暗いと効果が半減してしまいま
す。
　たとえ笑顔の写真であっても、全体的に暗い写真では、その人

自身が暗いような印象を持たれてしまうので、プロフィール写真を選ぶ上での1つの基準にしてみてくださいね。

③ 背景はスッキリと

　人物が埋もれてしまわないよう、背景がごちゃごちゃしている写真は避けましょう。

　証明写真のような味気ない雰囲気になってしまうのもよくありませんが、人物が背景に溶け込んでしまっているのもあまりよくありません。

　雑多な場所で写真を撮る場合には、背景をぼかすなどの工夫をしてみてください。

④ フォロワーにどんな印象を持ってもらいたいか?

　弁護士やコンサルタント、コーチ、経営者など、相手に安心感を与えたい場合には、プロのカメラマンに写真を撮ってもらうのもいいでしょう。

　一方、程良く親近感や親しみやすさを残しておきたい方は、あまりにもキラキラした写真だと遠い存在に感じさせてしまいますよね。

　フォロワーにどのような印象を持ってもらいたいか、一度考えてみてくださいね。

---

point

コミュニケーションツールであるインスタグラムでは、できるだけ「人」を感じさせるために顔写真を使うのがおすすめ。フォロワーからどのような人に見られたいか、考えてみよう。

ユーザーネームを決めるときに気を付けるべきこと

① 適切な言葉を探す

　アカウントを開設するときに設定するユーザーネームは、使い方次第でビジネスの成果を左右する、とても大事な要素です。

　ユーザーネームを決めるポイントは2つあります。ここでは1つ目の「**適切なユーザーネームをつける**」について解説します。

ユーザーネームとは

　ユーザーネームとは、ログインするときに求められるIDと同じものです。

　私の場合は、丸で囲った「yuko__nakajima」がユーザーネームですね。

　ちなみに、「ユーザーネーム」と「名前」は全く別のものですから、混同しないように気を付けてください。

適切なユーザーネームはプロフィール画面への流入を促す

　例えば検索結果などにあなたのアカウントが表示されるときには、プロフィール写真とユーザーネーム、名前が表示されます。

このとき、適切なユーザーネームと魅力的な写真であれば、ユーザーに興味を持ってもらうことができるでしょう。

仮に、あなたがカフェの情報発信をしているとします。
そのアカウントのユーザーネームが、「café ○○」といったカフェの名前と、「opbclkw」などのアルファベットの羅列だった場合では、どちらのほうが興味を持ってもらえるでしょうか。
ユーザーの反応が全く違ってくるはずです。

ユーザーネームは基本的に変更しない!

ユーザーネームは、世界に1つしかないあなただけのものです。
インスタグラムの QR コードを、ブログや名刺に貼り付けている場合には、それら全てに影響が出ることを知っておきましょう。

また、ここで1つ注意していただきたいのは、「**変更後は、他の人がそのユーザーネームを使うことができる**」ということです。
あなたがユーザーネームを変更した後に、他の人がそのユーザーネームを使ってしまった場合、変更前にアカウントをお知らせした人などには、全く別のアカウントが表示されてしまいます。
できれば、ユーザーネームはあまり変えないのがおすすめです。

point

> ユーザーネームは、自分の特徴を分かりやすく伝えられるものにしよう。変更するといろいろなところに影響が出るので注意して。

9 ユーザーネームを決めるとき に気を付けるべきこと

② SEOを意識する

　ユーザーネームを決める際の2つ目のポイントは、「**SEO を意識する**」です。

　「SEO って何？　難しそう！」と思われる方もいらっしゃるかもしれませんが、簡単に言うと「**自分のアカウントが検索上位に表示されるように工夫すること**」です。

　ユーザーがキーワードなどで検索した際に、自分のアカウントが検索結果の上位に表示されると、たくさんの人に閲覧してもらえるチャンスが増え、フォローされる確率も高まります。

　では、どのようなユーザーネームがよいのか考えてみましょう。

どうやったら上位表示されるようになる？

　たとえば、「こんな情報や人を探したいな」と思ったら、インスタグラムでは検索窓に検索したいキーワードを入力します。

　このときに上位表示される基準の1つは、検索したユーザーとあなたとの関係性が深いかどうかです。

　つまり、相互フォローをしている、よくコメントやいいねをしあっている、新規投稿があったら見にいくなど、あなたとの交流

が深い人が検索結果の上位に上がるようになっています。

そしてもう1つ、検索上位に上がりやすいのが、SEO対策ができているアカウントです。

そこで重要になるのが、ユーザーネームと名前の部分なのです。

ハッシュタグがSEOと関係していると思っている人も多いのですが、実はハッシュタグには現段階ではSEO効果はありません。

ですから、プロフィールにハッシュタグを羅列しても、あなたのアカウントが検索結

ハッシュタグをつけることで色が変わるので目立たせることができる

果の上位に表示されるわけではありませんので、注意してください。ただ、ハッシュタグをつけると色が変わるので、目立たせるという目的ならOKです。

point

SEO対策ができるのは、ユーザーネームと名前のみ。現時点では、ハッシュタグにはSEO対策効果がないので注意しよう。

名前でSEO対策をするための
キーワードの選び方

ユーザーネームと同様にSEO対策ができるのが、「名前」です。
名前は最大30文字まで使えるうえ、絵文字なども自由に使えるので、あなたらしさをより表現できる部分でもあります。

ライバルが少ないキーワードを探す

インスタグラムで検索結果の上位に表示されるためには、できるだけライバルが少ないジャンルを見つけることが大切です。

例えば、インスタグラムの検索窓に「東京」と入力すると、人によって表示が異なるかもしれませんが、おすすめ、アカウント、音声、タグ、場所、リール動画などが確認できます。

そこまでできたら、「おすすめ投稿のトップに表示されている投稿にはどのくらいいいねがついているのか」「上位に表示されているアカウントには、どのくらいフォロワー数がいるのか」などを確認していきましょう。このようにすると、どのジャンルならライバルが少ないか確認することができます。

検索されたい言葉を入れる

　もう1つ重要なのが、名前に「検索されたいキーワード」を入れることです。

あなたが発信したいと思っていることや、自分のアカウントを端的に表したキーワードを、名前にうまく織り込みましょう。

　そして、そのキーワードを検索して、ほかのアカウントとうまく差別化できる名前を考えていきましょう。

---

point

> ライバルが少ないジャンルを選び、検索されたい言葉を入れることで、SEO 対策につなげることができる。

---

11 | 名前を決める3つのポイント

14日間のうちに2回までというルールはあるものの、名前は比較的自由に変えられます。名前を決める際のポイントは3つあります。

名前を決めるポイント①　ブランディングと合わせる

名前は、ブランディングの一貫としてとても大切な部分です。

パッと見てどういうビジネスをしているのか、あなたの人となりがわかるような名前にすることが大切です。

すぐには思いつかないものなので、まずは自分を表現する言葉として思いついたものを、どんどん書き出してみましょう。

書き出せたら、その中で「目標を達成するためにはどんな部分をアピールすればいいか」という視点で言葉を選びます。

名前を決めるポイント②　そのワードで検索するかを意識する

たとえば、子育てに悩んでいるママたちのコーチングをしたいと考えて、名前に「子育てママコーチング」と入れたとします。

確かに「何をしている人なのか」はわかりやすいのですが、1つ問題があります。それは、「ママたちが『コーチ』や『コーチ

ング』という言葉で検索をするだろうか?」ということ。

その言葉を知らない人は、検索しようがありませんよね。
ですから、ターゲット層がどんな言葉で検索しているのかを深く考える必要があります。

もちろん、「『子育てママコーチング』を固有名詞化したい」という戦略も大いにアリですから、比較検討してみてください。

名前を決めるポイント③　あたたかみを持たせる

検索される言葉を入れればいいのなら、とにかく単語をたくさん羅列したらいいのではないかと思う方もいるかもしれませんね。
しかし、それはおすすめしません。なぜなら温度感が伝わりにくいからです。次の2つの文章を見てください。

●旅　ママ　アウトドア　子連れ
●アウトドア派の子連れ旅　旅は最高のギフト

単語を羅列した場合は無機質に感じるのに対し、下はメッセージ性もあり、その人の価値観や人となりも表現できています。
3つを意識して、いろいろな組み合わせを試してくださいね。

> **point**
>
> 名前はあなたがどんな人かをわかりやすく伝えるためのもの。いろいろ試してみて、反応がいい名前を探してみよう!

12 インスタグラムでの発信を 続けていくための心構え

　インスタグラムでは、フォロワーが1万人以上になると、多くの方が「見える世界が変わった」と言います。

　自分の商品やサービスを購入される方が増える、あなたのファンが増える、企業からのPR依頼が列をなすようになる……。

　フォロワーの数の多さは、あなたの発信力の高さとイコールですから、フォロワーを増やすことはとても大切です。

　ただ誤解してはいけないのは、フォロワーを増やすのは、あくまでも「目標のための手段」に過ぎないということです。

大切なのは、 フォローされた先の未来を見据えること

　TIAでは、わずか数ヶ月で1万フォロワーに達する方がたくさんいらっしゃいます。

　しかし、当然ですが、そこに至るまでの道のりは平坦ではありません。

　そんなとき、ご自分にもう一度、問いかけてほしいのです。

　インスタグラムを通じて、あなたが実現したい最高の未来は、どんな未来でしょうか？

高級老舗ホテルの PR を依頼され、子どもと一緒に世界中を自由に飛び回ることでしょうか？

有名メディアのアンバサダーとして活躍することでしょうか？

時間や場所に縛られない働き方を実現することでしょうか？

「未来」をイメージすることで、なんのためにフォロワーを増やすのか、フォロワーになってくれた人にどうなってほしいのか、そして、自分自身はどうなりたいのかが明らかになります。

目標は何度も変えていい

また、**目的を見失わないためにもう1つ重要なのは、状況に合わせて目標を変えていく**ということです。

インスタグラムにしっかり取り組んでいくと、自分と向き合うことが増えていきます。

そうすると、「私が本当にしたいことはこれだった」「こんなことも実現したい」と、気持ちが変化することも少なくありません。

実際に発信を始めてみて、もし壁にぶつかるようなことがあったら、ぜひ「自分が目指す未来」を思い出してみてくださいね。

point

フォロワーを増やすことが目標ではない。目標は、自分が設定した「輝ける未来」にたどり着くこと。

▼

第 2 章

ビジネスにつながる
投稿の作り方

▲

13 発信を届けるターゲットを設定する

　インスタグラムのフォロワー数が増えたとしても、その方たちに商品やサービスを買ってくれる「お客さま」になってもらえなければ、あまり意味がありません。あなたのお客さまになってくれそうな人からフォローされるには、どうすればいいのでしょうか？

「誰に、どんな価値を提供し、
その人がどのように変化するか」を考える

　あなたの商品を30代の女性に知ってほしい！　と考えたとき、あなたならどんな内容の発信をしますか？

　おそらく、こう聞かれて「私はこんな発信がしたい！」「こんなことを伝えてあげたい！」とすぐに思いついた人は、少ないのではないでしょうか。
　その原因は、「30代女性」というターゲットが広すぎるから。
　ターゲットが広すぎると、何を発信すれば反響があるか、共感を持ってもらえるかが決められないのです。

　30代女性の中には、毎日フルタイムで仕事をしている方もいれ

ば、小さな子どもがいて専業主婦をしている方もいますね。

　フルタイムで働いている人と子育てをしている主婦とでは、ライフスタイルも価値観も大きく異なるはず。

　さらにいえば、仕事をしている人の中でも、立ち仕事の人とデスクワークの人とでは、一日の過ごし方や求めるサービスも変わってくるでしょう。ターゲットを広く設定してしまうと、誰にも刺さらない発信に終わってしまうのです。

ターゲットはどんな人？　細かく考えてみよう

　ターゲットが具体的に設定できればできるほど、あなたが発信する内容も具体的なものになります。

　あなたは、どんな人にメッセージを届けたいですか？

　右の項目を見ながら、ターゲットとなる人物像について、できるだけ具体的にイメージしてみましょう。

> **届けたい相手を**
> **細かく考える（ペルソナ）**
>
> ・年齢
> ・性別
> ・収入
> ・起床時間、就寝時間、
> 　食事時間
> ・職業
> ・勤務時間＆曜日、
> 　通勤方法
> ・出身地、現在の居住地
> ・家族構成

point

　ターゲットが広すぎると、誰にも刺さらない投稿になってしまう。「誰に、どんな価値を提供し、その人がどのように変化するか」を探ってみよう。

投稿のテーマを設定する

「このテーマならこの人!」と選ばれる人になる

　あなたは、メイクをするのが得意ですか?

「自分の顔の特徴はしっかりわかっているし、メイクは完璧にできる!」そんなふうに自信を持って答えられる人は、案外少ないのではないでしょうか。

　その中でも、メイクが全体的に苦手な人もいれば、アイメイクが特に苦手だったり、チークの入れ方がわからなかったりと、さまざまなテーマごとに悩みを抱えている人がいます。

　しかし、もしあなたが「アイメイクがうまくなりたい!」と思っていたとしたら、きっとあなたは「チークがうまい人」や「ファンデーションを上手に選ぶ方法を知っている人」ではなく、「アイメイクがうまい人」を参考にするはずです。

　つまり、「このテーマならこの人!」とすぐに思い浮かべてもらえる存在になると、あなたのアカウントをフォローしたい!と思ってくれる人が増えるのです。

　とはいえ、アイメイクに絞ってしまうと、「チークで悩んでい

る人にアプローチできなくなってしまう」と不安になってしまいますよね。

　でも、そんな不安はいりません。フォロワーが増えてアカウントが成長してからテーマを増やすという選択肢もあるからです。

「テーマがイマイチ絞りきれない」「どこを特化させたらいいのか分からない」という悩みがある方は、同じテーマで切り口を変えてみてください。

　たとえば「旅」というジャンルなら、女子旅、海外、日本の温泉巡り、グルメ、おひとりさま、カップルなどなど、さまざまな切り口が考えられます。

「人」や「シーン」から考えてみるのもいいですね。
　付き合い始めたばかりのカップルと熟年カップルとでは、宿泊するホテルも、食事も、行程も、移動手段だって違うと思いませんか？

　こうしてテーマを絞って投稿していくことによって、「この人は〇〇に詳しい人だな」と思ってもらえるようになります。

point

ライバルと差別化するには、「このテーマならこの人」と瞬時に思い出してもらえるような存在になることが大切！

15　まずは最初の100日の　投稿内容を決める

　インスタグラムをすでに始めている人の中には、「どれくらいの頻度で投稿すればいいの？」と悩んでいる方も多いかもしれません。

　その質問に対して、私が主宰しているTIAでは、「**できるだけ毎日投稿しましょう！**」とお伝えしています。
「始めたばかりでよくわからないから、とりあえず慣れてきたら投稿数を増やそう」と考える方もいるのですが、できれば、最初から毎日投稿を続けてください。

　なぜなら、最初から毎日投稿することで習慣にしやすいからです。また、毎日投稿することでインスタグラムへの貢献度を高められるので、結果が出しやすくなります。

　といっても、投稿する内容を毎日考えていたのでは、時間がかかって仕方ありません。
　これから長く続けていくためにも、かける手間は最小限にしたいもの。そこでTIAでは、100日分の投稿内容をストックするようにしています。

あらかじめ投稿内容をストックしておくことで、「書くことが何も思いつかない！」と手が止まってしまうこともありません。

15分で投稿内容を100個出してしまう

　自分が少しでも得意だと思うこと、人から「すごいね」と言われること、**このことなら発信できそうと思うことなどを15分で100個書き出してみましょう。**
「自分には人に伝えられるようなことがない……」と思っている方も多いかもしれませんが、あなたにとっての当たり前が他の人にとってはそうでないことが、世の中にはたくさんあります。

　もしもあなたがずっと専業主婦をしてきたのなら、料理の基礎やお掃除の仕方などを発信してみてください。
　家事が苦手な女性にとって、あなたの投稿はとても役に立つ価値のある情報のはずです。
　深く考えすぎず、とにかく書き出してください。

　15分かけて、思いつくものを100個書き出すことができましたか？　書き出せたら、カテゴリー別に分けてみましょう。
　そしてそのカテゴリーの中でもっと投稿内容を増やせそうなら、どんどん増やしていきましょう。

> **point**
>
> あなたが当たり前だと思っていることが、他の人にはない強みであることもある。まずは深く考えすぎずに100個出してみよう！

16 類似アカウントを リサーチしよう

❶ 人気アカウントを分析する

　インスタグラムをビジネスに活かすためには、ライバルとかぶらないように、個性を打ち出してライバルと差別化することがとても大切です。

　そのためにぜひ取り組んでいただきたいのが、これから解説する「**リサーチ**」です。

人気があるアカウントには、理由がある

　フォロワーが何十万人といる人、投稿すると瞬く間に数千件のいいねがつく人、講座が常にキャンセル待ちの人、レビューしたコスメが飛ぶように売れていく人……。

　あなたの周りにも、こんな人がいるかもしれません。

　なぜ、彼女たちは発信力や影響力が強いのでしょうか？

　その理由がわかれば、あなたも真似することができるはず。

　その理由を知るための方法が、リサーチなのです。

　発信力のある人の人気の理由を探し、自分のアカウントに取り入れられるものはどんどん取り入れていきましょう。

「人」と「ジャンル」に分けてリサーチしよう

影響力や発信力が高い、いわゆる「インフルエンサー」のアカウントをリサーチするとき、闇雲にインフルエンサーを探してリサーチするのは非効率ですよね。

リサーチの目的は何でしたか？
あくまでも、あなたのアカウントをライバルと差別化し、ビジネスに活かすこと、でしたよね。

だとしたら、あなたが「この投稿方法を取り入れたい！」「この人の見せ方、上手だな！　私もやってみたい！」と思えるようなアカウントを探してリサーチすることが、とても重要です。

右のような項目をチェックしながら、どんなところが魅力的なのか考え、自分の発信に取り入れてみましょう。

・発信内容
・発信方法
（写真、動画、文字投稿など）
・写真の質、フィルター、明るさなど
・文章の内容、長さ
・ハッシュタグ
・ストーリーズ
・ハイライト
・プロフィール写真
・プロフィール

また、もう1つ私が推奨しているのが、ターゲットとジャンルでリサーチ対象を展開する方法です。
こちらについては次から詳しく説明していきます。

point

人気があるアカウントは、ちゃんと理由がある。リサーチで
その理由を分析し、あなたのアカウントに取り入れよう

17

類似アカウントを
リサーチしよう

❷ ターゲットの興味を深掘りする

　まずは、**ターゲットが興味を持っていることを深掘りすること
で、リサーチ対象を見つける方法**です。

　あなたが発信を届けたいターゲットが、普段どのようなアカウ
ントをチェックしているのかをイメージしてみてください。

　例えばあなたがヨガインストラクターだとしたら、あなたが発
信を届けたい「ヨガに興味がある人」は、ヨガの他にどんなこと
に興味がありそうですか？
「健康に興味がありそう」「自然が好きそう」など、興味があり
そうなテーマがいろいろと出てくると思います。

　テーマがいくつか出せたら、そのテーマごとにインフルエン
サーを探してみましょう。

　目安として、フォロワーが5,000人以上いる人を探してみると
いいでしょう。

　その中から、あなたが「素敵だな」と思う人や、「コメントが
たくさん来ているな」「人気があるな」と感じるインフルエンサー
を見つけてみてください。

見つかったら、

「なぜこの人が紹介すると、商品が飛ぶように売れるのだろう？」

「どうしてこの人の投稿は何千件もいいねがついているのだろう」

「なぜフォロワーがこんなにも多いのだろう」

　など、いろいろな視点で分析してみましょう。

　その人がインフルエンサーである理由を分析していくと、さまざまな視点が得られます。

　たとえば、ある人は毎日同じ時間に投稿することによって、投稿を見に来てくれる人が増えているのかもしれません。

　またある人は、コメントやDMなどをうまく活用して、フォロワーと親密なコミュニケーションを取っているかもしれません。

「投稿を読むと元気になる」とか、「写真の世界観が素敵！」と思えるアカウントもあるでしょう。

　あなたが「これいいな！」と思ったもので自分のアカウントに取り入れられるものがあれば、どんどん取り入れていきましょう。

point

> ターゲットのペルソナを具体的にすると、リサーチもしやすくなる。ターゲットがどんなことに興味を持っているかイメージしにくいときは、ターゲット像をもう一度見直してみよう。

18

類似アカウントを
リサーチしよう

③ 別ジャンルのアカウントに学ぶ

　前の項目では、ターゲットが関心を持ちそうなアカウントをリサーチする方法をお伝えしましたが、この方法だけではジャンルが偏りがちです。

　そこで次にお伝えするのは、**「別のジャンル」でリサーチ対象を見つける方法**です。

　自分のビジネスとはまったく関係ないジャンルの投稿を見たときに、「発信方法や内容が全然違うな」と思うことはありませんか？

　たとえば美容系やカメラマンの方などは、写真を前面に出していますが、コンサルタントのように情報を扱うビジネスをしている方は、写真よりもテキストを多めに使った投稿が多かったりします。

　他ジャンルの見せ方を自分のジャンルに取り入れてみるだけでも、立派な差別化になりますよ。

あなたのジャンルが「ヨガインストラクター」だとしたら、どんな関連ワードが思いつきますか?

ヨガは瞑想にも通じるところがあるので、潜在意識に関する情報発信をしている人をリサーチ対象にしてもいいでしょう。

ほかには、ヨガは運動であり癒しでもあるので、パーソナルトレーナーやセラピストなども思いつきそうですね。

歯の噛み合わせによって姿勢が変わることもあるので、意外なところだと歯医者さんなどもリサーチの対象になるかもしれません。

このように、キーワードをあげながらさまざまなジャンルを連想し、リサーチを深めていきましょう。

類似ジャンルの投稿との差別化ポイントを考えるうえでのヒントになりますよ。

point

> ジャンルによって、投稿スタイルや発信する内容はさまざま。他ジャンルをリサーチすることで、ライバルとの差別化にもつながる

19

リサーチ対象を効率よく検索する方法

リサーチするアカウントの見つけ方がわかったら、実際にインスタグラムで検索していきます。

人それぞれ探し方があると思いますが、探し方によって見つかるアカウントが違ってきますので、いろいろな方法でリサーチしてみてください。

ここでは、リサーチ対象として適当なアカウントを、効率よく検索するための4つの方法についてお伝えします。

①ハッシュタグで検索をする

あなたの商品やサービスを購入してくれそうな人が関心を持っていそうなハッシュタグで、インフルエンサーを検索してみましょう。

②おすすめで表示される人から選んでいく

ハッシュタグ検索でヒットしたインフルエンサーをフォローすると、そのアカウントと類似するアカウントなどが、あなたのフィードに「おすすめ」として表示されます。

そこから選んでリサーチする方法もあります。

③すでにフォローをしているインフルエンサーの
フォロワーをチェックする

すでにチェックしているインフルエンサーがいる場合は、その人がフォローしているアカウントをリサーチしてみましょう。

インフルエンサー同士がフォローしあっていることも多いので、効率よくリサーチ対象を見つけられますよ。

④検索エンジンや発見欄で探す

インスタグラムの発見欄からリサーチする方法もあります。

あなたの商品やサービスを購入してくれそうな人が使っていそうなキーワードで、アカウントを検索してみましょう。

最初はリサーチ対象として適当なインフルエンサーを見つけるのに時間がかかるかもしれませんが、キーワードや有名なキーパーソンを見つけることができれば、あとはレコメンド機能でさまざまなアカウントが表示されるようになっていきます。

手あたり次第フォローするのではなく、自分の投稿や発信の参考になるかどうかを基準に、効率よくアカウントを探していきましょう。

point

リサーチの方法が少ないと、ヒットするアカウントが偏ってしまう。いろいろな方法でリサーチしてみよう。

20 プロフィールを ブラッシュアップする

① 何をしている人なのか

　ここからは、前回までのリサーチを参考にしながら、3つのポイントであなたのプロフィールをブラッシュアップしていきましょう。

何をしている人なのかを明確にする

　まず、自分が何を専門にしているのか、どんなことをメインに発信しているのかをプロフィール文や名前に入れ込みましょう。

　何をしている人なのかが伝わるアカウントは、「これからもこのジャンルの発信が続くのだな」とイメージすることができるので、情報を求めている人にフォローされやすくなります。

プロフィール画像と投稿テーマの世界観を揃える

　コスメ情報を発信しているのに、プロフィール写真が子どもの写真だったり、食べ物の写真だったりすると、書いていることと見た目の印象が一致しませんよね。

　プロフィール画像についても、自分の投稿テーマに即したものを選ぶようにするといいでしょう。

たとえば、「写真家」で検索してみると、カメラを構えている写真や「こういう世界観の写真を撮っています」ということをアピールできるような写真をアイコンにしているアカウントが見つかります。

自分のジャンルをリサーチして、同じジャンルのアカウントはどんな写真を使っている人が多いのかをチェックしてみるのもおすすめです。

「いいな」と思うアカウントを見つけたら、取り入れられることはぜひ自分のアカウントにも取り入れてみましょう。

point

何をしているのかが明確なアカウントはフォローされやすい。また、プロフィール文や名前と、プロフィール写真の印象がズレていないかにも気を付けよう。

21

プロフィールを
ブラッシュアップする

② 実績・強み・権威性フェイス

　リサーチを進めていくと、「なぜかこの人の発信にはたくさんのいいねやコメントがついているな」と気になるアカウントが出てきます。

　そんなときは、その人のプロフィールをチェックしてみてください。多くの場合、輝かしい実績をお持ちです。

　実績を持つ人の発信に対しては、「これだけの実績がある人が言っているのだから正しいはず」であったり、「この人が言うのだから間違いなさそう」という印象を持ちやすくなります。

　これを「権威性」といいます。

　つまり、**あなたの発信に説得力を持たせるためには「権威性」を打ち出せばいいのです。**

　実績は具体的に！　数字を出すのもポイント

　輝かしい実績といっても、日本一や世界一といったことが必要なわけではありません。

「旅人歴20年」「40歳で3人目出産、−10キロ」など、ほかの人から見たらすごいことを数字で打ち出せばよいのです。

たとえば、あなたがメイクに詳しい人を探しているとしたら、単にメイクレッスンをしている人より、「現役モデル向けのメイクレッスン」をしている人のほうが興味を引かれませんか？

さらには、「現役モデル向けのメイクレッスンを始めて10年目」や、「1,000人の現役モデルにメイクレッスンをしました」と書かれているほうが、より興味を引かれるでしょう。

このように、実績や強みは、できるだけ具体的な数字で盛り込むことがポイントです。

誰もが知っているブランドや企業名を出す

知名度の高いメディアやブランド名は、名前を出すだけで「すごい！」と思われやすく、権威性につながるのでおすすめです。

たとえば、テレビや雑誌などのメディアに掲載された実績がある場合や、企業への導入実績などがある場合は、先方に許可を得て積極的にPRしていきましょう。

そうした「お墨付き」は、あなたの信頼性や権威性を高めてくれるはずです。

---

point

実績を示すときは、「数字」と「お墨付き」を意識することで、ターゲットに信頼感を与えることができる。自分にどんな強みがあるか、振り返ってみよう。

22

プロフィールを
ブラッシュアップする

③ 親近感を出す

　権威性を高めると、「すごいな」と思ってもらいやすくなる反面、「気軽に声をかけづらいな」と感じさせてしまいます。

　もしもあなたが強い実績を持っているのなら、親しみやすさを感じさせる要素をプロフィールに付け加えるのがおすすめです。**共感が加わると、権威性が高くても「この人とつながりたい！」と思ってもらいやすくなる**からです。

「すごい」実績こそ、親近感を入れる

　TIA の卒業生であるファビュラスしょうこさんは、脳科学の知見を生かして、女性が自分らしく輝くための脳の使い方を発信しています。

　これだけ見ると「なんだかすごそう」と思えますが、プロフィールでは、もともと事務のパートをしていたことや、シンママであることも明かしておられます。

fabulous_shoko

| 653 投稿 | 1.6万 フォロワー | 3,196 フォロー中 |

脳科学で自分覚醒♥ファビュラス宵子　本当の自分で生きる女性輩出中

27,111,429

＼私ってこんなもんじゃない！／
理想と現実のギャップをお昼寝しながらスルッと叶える
＊事務パート➡才能覚醒してフリー&月収7倍
＊親子で、ひとりでワーケーション満喫
＊相談実績100件以上
7歳👦シンママ

豊かさ倍増！頑張らないでスルスル叶える脳の使い方動画🎁の受取はこちら↓↓

lin.ee/9fAYaNo、他2件

さまざまな要素を盛り込むことで、「理想と現実のギャップを
お昼寝しながらスルッと叶える」を自分自身が体現していること
を伝えるとともに、見た人に「自分にもできそう！」と思っても
らうことができるのです。

　もう1つ、私の例もご紹介
しましょう。
「ママ社長」「72カ国旅暮ら
し」と見ると、自分とは遠い
存在だと思われてしまいがち
ですが、その後に「インスタ
で夢を叶えた50人のやり方」
や「自信0のママから、好き
を仕事に」という言葉を入れ
ることで、「私にもできるか
もしれない」「私もこんなふ

うになりたい！」と思っていただけるよう工夫しています。

　このようにして、「自分と似た環境の人がこんな未来を手に入
れているなら、自分にもできるかもしれない」と、自分ごととし
て捉えてもらえる工夫をしているのです。

point

実績や権威性に加えて、共感・親しみやすさを出すことで、
より魅力的なプロフィールを作ることができる。

23

自分にあった投稿スタイルを知ろう

インスタグラムにおいては、世界観を統一させることがとても大切でしたね。

方法はいろいろありますが、投稿スタイルをある程度統一させると、簡単に世界観を作ることができます。

投稿スタイルには、大きく分けて4つあります。まずはこの中から、あなたにあった投稿スタイルを見つけてみてください。

1 写真

ファッションやグルメ、旅行など、いわゆる「インスタ映え」するコンテンツをテーマに発信する人に向いています。世界観が作りやすいのが特長。

2 動画

臨場感が出しやす

①写真　　　　　②動画

く、滞在時間も増や
せるのがメリット。
自分の思いなどを伝
えたいときに向いて
います。

③写真＋文字　④文字のみ

3 写真＋文字

イメージが伝わり
やすい写真投稿と、
詳しい情報を伝えら
れる文字投稿の両方のメリットを活かせます。物販や集客、情報
を伝えたい時に向いています。

4 文字のみ

知識や情報を伝えやすいため、コンサルタントやコーチなどに
向いています。

写真と写真の間に動画を挟んで投稿したり、1枚目を写真、2枚
目以降を文字のみにするなど、いろいろな組合わせで投稿する人
も増えています。

> **point**
>
> 投稿スタイルは、ある程度統一させよう。
> 自分が投稿するジャンルであまりされていない方法を選ぶ
> のも、差別化をはかる方法の1つ。

24

「いいね」されやすい
写真投稿の作り方

① 切り口を工夫する

　先ほどの項目でも説明しましたが、写真投稿は世界観が作りやすい反面、写真のクオリティを高くしよう、「インスタ映え」を狙おうと頑張ってしまいがち。

　ですが、インスタグラムにはプロのカメラマンも多く、写真のクオリティだけで勝負をしてもなかなか勝てません。

　では、どうしたら写真投稿で「いいね」やフォロワー数を増やすことができるのでしょうか。

　それは、**「切り口」**で勝負をかけるのがポイントです。

テーマの切り口に独自性を持たせる

　たとえば、たまたま入ったレストランの料理がとても美味しそうだったら、「インスタグラムに投稿しよう！」とワクワクしますよね。

　ただ、美味しそうな料理の写真はインスタグラム上にあふれてしまっているので、それだけでは埋もれてしまいます。

　そこで、少し切り口を変えて「スイーツを美味しそうに撮る方

法」というテーマにしてみるのです。

　そうすると、「このアカウントは美味しそうなスイーツをたくさん投稿しているだけじゃなくて、美味しそうに撮影するノウハウまで教えてくれる」と思ってもらえますよね。

　インスタグラムを使っている人の中には、料理やスイーツの写真を美味しそうに撮りたいと思っている人は多いため、そういった人たちからのフォローやいいねが期待できます。

　自分が発信したいことを中心に、どのような切り口で投稿できそうか考えてみましょう。
　同じ「美味しそうな料理」というテーマでも、切り口を変えることで独自性を生むことができるのです。

point

写真のクオリティを上げようとすると、プロと戦うことになる。
自分の発信の目的とテーマに合わせて、切り口を工夫することで独自性を打ち出すことが重要。

25 「いいね」されやすい 写真投稿の作り方

❷ テイストを統一する

「色味」と「構図」がポイント

たとえば、あなたに「インスタグラムを地方創生の仕事につなげていきたい」という目標があるのなら、「地方創生」をテーマに、さまざまな切り口の写真をどんどんアップしていきましょう。

しかし、ここで注意していただきたいのは、「テーマに沿っていればどんな写真でもいいわけではない」ということです。

これまではあまり意識したことがないかもしれませんが、**写真は「色味」と「構図」がとても重要です。**

「色味」を統一するときのポイントは、写真の明るさ、色温度、彩度です。

色温度を変えると、温かみのある印象にしたり、クールさやスタイリッシュさを演出することができます。

また、彩度を変えると、色鮮やかな写真にしたり、逆にスモーキーな印象の写真にすることもできるでしょう。

一方「構図」には、いくつかの基本があります。

構図を意識するだけでワンランク上の写真が撮れますので、簡

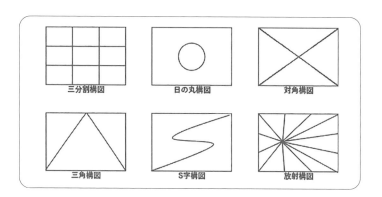

単に押さえておきましょう。

　インターネットで検索すると、さまざまな構図の例があがっていますが、日の丸構図は、被写体を中央に置く基本的な構図ですから、イメージしやすいでしょう。

　写真の加工アプリなどを活用したり、普段から構図を意識して写真を撮ることで、写真のテイストを統一させてみましょう。

point

色味や構図を意識するだけで、フィードの印象がぐっと変わる。

自分の発信にあったテイストを考えてみよう。

26

「いいね」されやすい
写真投稿の作り方

③ 嫌われない自撮りの撮り方

SNSで顔出しをすることに抵抗がある方もいると思いますが、講師業のような人前に出る仕事をしている方は特に、顔を見せることで、信頼や安心感につながるというメリットがあります。

自撮りは少し離れたところから撮影する

とはいえ、女性ユーザーは顔のアップが続くことをあまり好みません。自撮りが連続しないように工夫するのはもちろんですが、少し遠くから撮影することで変化をつけることもできます。

1人でいる時には三脚が便利です。160㎝くらいまで伸ばせるものなら、写真のバリエーションが増えますし、ワイヤレスでシャッターをきれるリモコンがついているものもあります。

周囲の人に撮影をお願いできる場合は、角度や構図をこちらで指定して、あとはシャッターを押すだけという状態でお願いすると親切です。相手が写真を撮りなれていないこともあるので、失敗してもいいように連写モードにしておくといいでしょう。

また、広角モードでダイナミックな写真を撮ったりと、バリエーションを持つといいですね。

広角モードで撮影 　　　　　　通常モードで撮影

写真としてのバランスや印象を大切にする

　自撮りでは、表情やポーズよりも、写真の中での自分の配置や、着ている服の色に注目しましょう。インスタグラムでは、フィードを流し見していく人も多いので、パッと見た時に全体としてどんな印象かが重要です。

　特に、旅行のPR案件をたくさん獲得している旅インフルエンサーは、自分が大きく写っている写真は少なく、背景に溶け込むような写真をアップしていることが多いです。

　何が目標かによって自撮りを使い分けていきましょう。

point

　SNSでは、顔が見えることで信頼や安心感につながりやすい。三脚やレンズといった道具や、構図等を工夫しつつ、楽しみながらフォロワーの反応がいい写真を研究していこう。

27

フォロワーの興味を引く文字投稿の作り方

① 1枚目はキャッチコピーが命！

　文字投稿は、写真投稿に比べてあなたのメッセージがしっかりと伝わります。知識や情報を盛り込みやすいため、「文字投稿でマメ知識を発信していたら、有名雑誌に連載をすることになった」「出版が決まった」という方も少なくありません。

文字投稿では、1枚目が命！

　文字投稿では、とにかく「**1枚目が命**」です！　1枚目でターゲット層の興味を引けなければ、2枚目以降は読んでもらえません。「続きを読みたい！」と思わせるような、キャッチーな言葉を1枚目に入れましょう。

　例えば「お掃除グッズ」を紹介したいとしたら、「便利なお掃除グッズを紹介」とするよりも、「どこでもキレイにできる！激推しお掃除グッズ10選」の方が、先を読みたくなりますよね。
　こうしたキャッチコピーを大きめの文字で配置すると、フォロワーの目にとまりやすくなります。内容は同じでも、1枚目次第で、アクセスや滞在時間などに大きく差が出るのです。

魅力的なキャッチコピーを考えるコツ

「キャッチコピーを考えるのって難しそう……」と思うかもしれませんが、キャッチコピーをゼロから生み出す必要はありません。

世の中には、たくさんのキャッチコピーがあふれています。書店やAmazonの人気書籍ランキングやアメーバブログの「アメトピ」に特集されているもの、ウェブニュースの見出しなど、参考にできるものはたくさんあります。

ただし、どんなにいいキャッチコピーでも、内容とズレていたら、かえってフォロワーが離れてしまうことも。

どんなメッセージを伝えたいのかを一度しっかり考えると、より内容にふさわしいコピーが考えられるようになりますよ。

先の項目で、類似アカウントのリサーチの重要性をお伝えしましたが、文字投稿の1枚目にどんな内容を入れているのかという視点で見てみると、さまざまな発見があると思います。

ヒントはさまざまなところにありますから、日々センスを磨いていきましょう！

---

point

文字投稿では、1枚目が命！「続きが気になる！」と思わせるキャッチコピーを考えよう。パッと目を引くよう、文字は大きめに。

28

フォロワーの興味を引く
文字投稿の作り方

② 2枚目以降で心を動かす

　文字投稿では、1枚目はターゲットの目を引くことがとても大切でした。続く**2枚目以降は、ターゲットの心を動かすことが重要なミッション**になってきます。

　そこで2枚目以降は、文字の大きさなどの見た目よりも、どんな内容にするかが大切です。

複数枚の画像投稿の前半は離脱されない工夫を

　先ほどの「どこでもキレイにできる！　激推しお掃除グッズ10選」を例にしてみましょう（10枚の画像を投稿すると仮定）。

　1枚目で興味を持ったユーザーは、2枚目、3枚目と進んでくれますが、そこで誰でも知っているお掃除グッズの紹介が続いたとしたら、どうなるでしょうか？

　おそらくかなり高い確率で、「この先も普通のグッズしか出てこなさそう」「読んだだけ時間の無駄だった」と思われて離脱されてしまうでしょう。

　1枚目で期待値を高めた分、2枚目以降の投稿の内容が薄いと、ユーザーをがっかりさせてしまうのです。

　複数枚投稿の前半となる2枚目〜4枚目では、「この先も役立つ

グッズが出てきそう！」と、後半に期待してもらえるような内容を意識しましょう。

最後の1枚は

複数枚投稿の最後には、どのような情報を入れるのがよいでしょうか。

「インスタグラムでサービスや商品の紹介をしたい」

「フォローやいいねを促したい」

「LINE など他の媒体も見てほしい」

と思う方もいるでしょう。

その場合は、最後に軽めに呼びかけるといいですね。

また、類似投稿や人気投稿などへの誘導もおすすめです。

アカウントからの離脱を防ぐ効果も期待できますし、滞在時間が長くなれば、そのユーザーとの関係性も深まり、あなたのアカウントに対するインスタグラムからの評価も高まります。

point

2枚目以降は、投稿の内容がとても大事。次のページへの期待感をキープすることで離脱を防ぐとともに、より関係性を深めるための工夫をしよう。

29

文字+写真の投稿の活かし方

❶ ビジネス感を抑える

　写真投稿、文字投稿両方のメリットを得られる投稿が、「文字＋写真」投稿です。

　ある講師業の方は、写真と文字を交互に投稿する方法で自分の思いや伝えたいメッセージを書くようにしたところ、メルマガの購読者が激増し、月商が大幅に伸びたそうです。

告知や宣伝を全面に出しすぎない

　これはどのような投稿スタイルにも共通して言えることですが、個人でビジネスをしている方は特に、**ビジネス感の強いアカウントよりもプライベート感が強いほうが、親近感を抱かれやすい傾向があります。**

　文字＋写真投稿は、写真がある分イメージがしやすいうえ、メッセージがストレートに伝わります。

　そのため、サービスの告知や宣伝を行うときに強く訴えすぎると、ビジネス色が強く出すぎてしまい、ユーザーが離れてしまうことも。

　広告が多いと思われると敬遠されやすいため、写真投稿と同様、告知などは最後の画像でさらりと触れるくらいに留めるとい

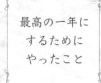

@sayaka_noukagaku

いでしょう。

　また、内容とまったく関係ない写真をたくさん入れるのはよくありませんが、商品やサービスに関する投稿ばかりでは、やはり宣伝という印象を与えてしまいます。

　宣伝の回数を減らしたり、キャプションの中で自然と軽く宣伝したり、リズム感を持たせることも大切です。

　全体のバランスを見ながら試してみてくださいね。

point

ユーザーは、投稿内容が宣伝かどうかを敏感に察知する。
自分の投稿はどんな印象かに注意しよう。

30

文字＋写真の投稿の
活かし方

❷ 楽しい雰囲気を演出する

　ここでは、写真を背景に置いてその上に文字を書いていく、いわゆる「文字入れ投稿」について紹介します。

　文字入れ投稿は、何かを紹介するときに使われやすいパターン。背景に写真があるので、単なる文字投稿に比べてバリエーションを増やしやすく、楽しい雰囲気を演出しやすいのが特長です。

文字入れ投稿で注意したいこと

　文字入れ投稿は、写真と文字の組み合わせによっては、野暮っ

@miki.kohara

たくなりやすいので注意しましょう。

　文字入れ投稿で特に重要なのは、**フォントと写真とのバランス**です。文字が目立たないと読みにくいので、文字が写真に埋もれてしまわないように、読みやすい色やフォントを使いましょう。

　自分のブランディングや世界観に適したフォントを選ぶのも、楽しいものですよ。

文字入れ投稿におすすめのアプリ

　文字入れ投稿をセンスよく簡単に作ることができるアプリもたくさん登場しています。現時点でよく使われているのが、「Phonto」や「Canva」、「PicsArt」などのアプリです。

　特に「Phonto」は200種類以上のフォントが使え、日本語の文字入れが簡単にできます。
　「Canva」はテンプレートが豊富で、インスタグラムだけでなく、名刺やチラシなどのデザインにも対応しています。一方、「PicsArt」は加工機能が充実しているのが特徴です。
　一度試してみて、自分の世界観と合うものを探してみるといいかもしれませんね。

point

文字入れ投稿は、楽しい雰囲気を演出しやすい反面、フォントやデザインによってはダサく見えることがあるので注意しよう。

31 エンゲージメントを高める動画投稿

　写真は文字に比べて約7倍の情報を伝えることができるといわれていますが、動画はそれよりもはるかに多く、文字の5,000倍ほどの情報を伝えることができるといわれています。

　動画投稿のメリットといえば、臨場感のある投稿ができることですよね。写真とは違って動画は動きも音も出せるので、場所の雰囲気を伝えたいときなどには最適です。

　私も、ホテルのルームツアーを動画で撮影して投稿しています。

　動画投稿は、エンゲージメントを高める効果がある

　写真投稿や文字投稿を見てくれる人の滞在時間は、一般的に5〜8秒だといわれていますが、動画は工夫次第で何十倍も滞在時間を稼ぐことができます。

　滞在時間が長くなると、インスタグラムから「この投稿は価値がある」と判断されます。そうすると、今度は発見欄に表示されやすくなるのです。

　「発見欄」に自分の投稿が表示されるようになると、急速に認知

が広まりますので、うまく活用していけるといいですね。

　インスタグラムの機能を使って動画を投稿してみよう

「動画を投稿したいけど、編集が大変そう」と思っている方も、
安心してください。

　手軽に編集できる機能がインスタグラムにあるので、手元のス
マホやタブレットで撮影した動画を簡単に編集して投稿すること
ができますよ。

　インスタグラム内には動画用のテンプレートも用意されている
ので、それを活用するのもいいでしょう。

　慣れてきて「もっと本格的に編集したいな」と思ったら、
「InShot」や「CapCut」など、外部のアプリを使って編集してみ
るといいでしょう。

point

動画の最大のメリットは、臨場感のある投稿ができること。
また、滞在時間がのばせるため、エンゲージメントを高め
る効果も期待できる。

32 長い動画じゃなくてもOK! 滞在時間をのばす3つの工夫

　ここでは、動画で滞在時間を伸ばすための工夫を3つに分けてお話しします。

長い動画は分割して投稿する

　動画が長くなってしまったら、1回で投稿するよりも複数回に分割して投稿しましょう。

　なぜかというと、長い動画は短い動画に比べて途中で離脱される確率が上がるからです。

　さらに、分割して投稿することで投稿数を増やすこともできるでしょう。

　ただし、ただ複数に分ければよいというわけではありません。しっかりと動画全体の構成やストーリーを考え、「次が見たい」と思わせることができなければ、2本目以降は見てもらえません。

最後まで見るといいことがあると思わせる

　時間と手間をかけて動画を作ったのに、途中で離脱されてしまうと、とても悲しいですよね。

　途中で離脱されないための工夫として、最後まで見てくれた方

向けの特典を用意しておくのも有効です。

　また、最初の動画でクイズを出し、最後の動画で答えを示すという手もありますね。

何度も見てもらえる工夫をする

　一度の滞在時間をのばすだけでなく、同じ動画を何度も見てもらう工夫もしてみましょう。

　もし、動画を見ているときに、片足だけ裸足の映像が映ったら、どんなふうに感じますか？　「なんで片足だけ裸足なんだろう？」と気になって動画に見入ってしまい、説明が頭に入ってこなくなるのではないでしょうか。

　すると、動画を一度見ただけでは全体を理解することができず、2回、3回と動画を再生しますよね。これは実際にあった例なのですが、とても斬新で面白い投稿です。

　これはユーザーの意表をつく工夫をした事例ですが、何かを作る過程を早送りで動画にする、音楽や動画のつなぎ目を工夫することで、自然とループするような方法など、**ユーザーが思わず見入ってしまう工夫をすると、動画の再生回数がのびやすくなりますよ。**

point

滞在時間をのばすためには、動画を最後まで見てもらうための工夫が大切！

33 コメントをうながして アルゴリズムを攻略する

エンゲージメントが高いと、アカウントの評価が高まる

インスタグラムを使っていると、「このフォロワーさん、いつも私のフィードに表示されるな」と思うことってありませんか？

実は、フォローやいいね、コメントなどを送り合うことで関係性が深まると、フィードに表示されやすくなるのです。

このように、フォロワーやリーチ数に対して、いいねやコメントといった反応がどれだけあったかを示す割合を、「エンゲージメント」といいます。

このエンゲージメントを高めると、インスタグラムから「質が高いアカウント」と評価され、検索で上位に表示されるなどのメリットがあります。

コメントを促す工夫をちりばめる

エンゲージメントを高めるためには、投稿に対して反応してもらう必要がありますが、関係性がある程度できていたとしても、コメントをするのは少しハードルが高いですよね。

相手の心理的なハードルを下げるためには、こちらから先にコ

メントをする、フォローやいいねをしてもらったときにお礼の
メッセージを送るなど、相手が気兼ねなくコメントしやすい環境
を整える工夫をしてみましょう。

　また、投稿に質問を織り交ぜて、「コメントお待ちしています」
とアクションを促す方法や、ストーリーズでアンケート機能を使
うのもおすすめです。アンケート機能については、別の章で詳し
くご紹介します。

　ちなみに、**質問を投げかけるときは、気軽に答えやすい質問を
することがポイント！**
「あなたの住んでいるところは、今どんなお天気ですか？」
「今日の晩ご飯の献立はなんですか？」
　というような簡単な質問も、気軽に答えられます。ぜひ参考に
してみてくださいね。

point

コメントをするのはハードルが高いもの。フォロワーに気軽
にコメントを残してもらえるよう、自分からコミュニケーショ
ンを取るなどの工夫をしよう。

34

滞在時間をのばす工夫を投稿に織り込む

　これまでご紹介した以外にも、滞在時間を伸ばす工夫はたくさんあります。ぜひ、あなたに合った方法を試してみてください。

投稿枚数を多くする

　離脱されない工夫は必要ですが、投稿枚数を増やすのは、滞在時間を伸ばす上での基本です。そこに動画を2枚、3枚と挟み込めば、それだけ滞在時間を長くすることができます。

文字量を増やす

　文字投稿では、テキストを読む必要がある分、滞在時間は長くなりやすいと言えます。

　とはいえ、文字が多すぎると読みづらいので、画像1枚あたりの文字数を読みやすく調整して、画像の枚数を増やすと相乗効果が期待できます。

　あまりに情報を詰め込みすぎるのも離脱しやすくなりますので、その時は複数の投稿に分けられるといいですね。

他のおすすめ投稿を紹介する

　投稿を最後まで見てくれた人は、あなたの他の投稿にも興味を

持ってくれる可能性が高いと言えるでしょう。

そのチャンスを逃してはいけません。

投稿の最後に、関連する投稿や人気投稿などをどんどん紹介しましょう。

他の投稿も読んでもらえるようになると、滞在時間を大きく伸ばすことができますよ。

@yuko__nakajima

point

いいねやコメントをしてもらう、他の投稿を見てもらうなど、さまざまな観点で考えると、いろんなアイデアが出てくる。ぜひチャレンジしてみよう。

35

3つの数字を理解して
目標達成に近づこう

インサイトをうまく使って数字を管理しよう

本書の冒頭で、理想の未来を実現するには目標設定が大切と書きましたが、その**目標設定に欠かせないのがデータ分析**です。

数字が苦手という方もいるかもしれませんが、インスタグラムの「**インサイト**」という公式解析ツールを使うと簡単ですよ。

インサイトは、フィード投稿、ストーリーズ、リール投稿といった投稿がどの程度、どんな人に閲覧されているかを知ることができるほか、ハッシュタグで分析することもできます。

なお、このインサイトは、個人アカウントでは使うことができません。プロアカウントに切り替えることで利用できるようになります。切り替えは無料ですので、一度試してみてくださいね。

インサイトでは、この3項目をチェック!

プロアカウントへの切り替えができたら、特に3つの数字に注目してみましょう。

1 保存数

リーチ数は、投稿を見てくれたユーザーの数です。リーチ数は、

フォロワーとフォロワー以外の割合を知ることができます。ハッシュタグや発見欄からの流入が多ければ「フォロワー以外」のユーザーにもリーチできていることになります。

② 発見欄

発見欄にあなたのアカウントが表示される回数が多ければ、それだけ新規のアカウントにリーチできる確率が高まります。

③ プロフィールへのアクセス

プロフィールへのアクセス数も大事です。投稿の閲覧数に比べてプロフィールへのアクセス数が少ない場合は、「この人はどんな人なんだろう?」とプロフィールを見てもらえるような投稿を心がけたり、プロフィールへの誘導をキャプションや投稿画像内に組み込んだり、その他の投稿も見てみたい!と思わせたり……といったことが大切になります。

point

インサイトを使えば、さまざまなデータを見ることができる。インサイトをうまく活用して、アカウントのエンゲージメントを高めていこう。

36 インスタ映えを狙わなくてOK!
Notesを楽しもう

気軽なコミュニケーションを楽しもう

Notes には、文章と絵文字を60文字まで投稿できます。今までのインスタとは違い、写真も長文も投稿できませんが、その分気軽にコミュニケーションを取ることができるのがこの機能の魅力です。

「えっ、そんな機能ってあったかな?」と思った方は、ダイレクトメッセージ(DM)画面を見てみてください。

画面の上の部分にいろいろな人の丸いアイコンが並んでいると思いますが、そこに吹き出しが出ているアイコンがありませんか?

それが、Notes 投稿です。この Notes 投稿は、DM 画面のみで閲覧できます。

Notes は、ストーリーズと同様、24時間で消える仕組みになっており、複数の Notes を同時に投稿することはできません。すでに投稿している Notes がある時は、それをタップして上書きする形で投稿していきます。

なお、投稿後のNotesは編集できないので気をつけてください。

Notes では、公開範囲を設定できるほか、他のアカウントの Notes をタップすることで、それに返信をすることもできます。

返信した内容は、ストーリーズのリアクションと同様に相手とのチャット画面に届きます。

フィードやストーリーズへの投稿は、写真の加工や文章を考えるなどの手間がかかりますが、Notes は X（旧 Twitter）よりも短いため、ほとんど時間をかけずに投稿することができます。

そのため、「今ここにいるよ」「○○をしています」など、今の状況をシェアするのにぴったりです。

インスタグラムからの評価にはあまり関わらないと思われますが、**フォロワーとの親密度には影響する**と考えられます。

親密度が高まると、投稿が上位に表示されやすくなりますので、**あまり構えず、気楽に発信していくといいかもしれませんね。**

point

「60文字では何も書けない！」と感じるかもしれないが、その手軽さが Notes のよさ。気負わず投稿してみよう。

37

サブスクリプション機能と
一斉配信チャンネルとは

インスタグラムで直接収益を得られるサブスク機能

サブスクリプション機能は、インスタグラムが2023年から導入した新しいサービスです。このサブスク機能は、プロアカウントを設定しており、かつ一定の要件を満たすユーザーが対象ですが、**サブスク登録したフォロワーに対する限定のフィード投稿、ストーリーズ、リール、ライブ配信を行うことができます。**

月額料金は自分自身で設定できるため、登録者が増えれば定期的に収益を得ることができるシステムといえるでしょう。

フォロワーとの関係をさらに深められる一斉配信チャンネル

サブスク機能とは別に「一斉配信チャンネル」という機能も2023年にリリースされました。こちらはサブスクとは違い、発信者側も登録者側も無料で利用することができます。

一斉配信チャンネルとは、発信者が自分のフォロワー全員を招待し、**関心の高いファン層と交流ができる公開メッセージツール。**テキストや写真、動画はもちろん、ボイスノート（ボイスメッセージ）も投稿でき、それに対して絵文字でリアクションできます。

また、登録者も投稿できるため、よりフォロワーとの交流も深めることができるというのが特徴です。

これまで、関心の高いフォロワーをプッシュ型メディアであるLINE公式やメルマガに誘導する流れがありました。しかし、たくさんのアカウントが乱立している今、未読が多いという人も少なくないと思います。

その点一斉配信チャンネルは、リリースされたばかりであり、かつ、投稿があると登録者に通知が届きます。

そのため、少しずつ育てていけば、従来のプッシュ型メディアにかわるものになる可能性もあるでしょう。

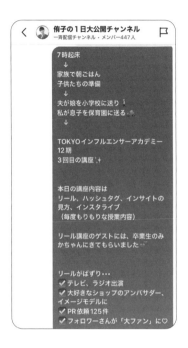

このように、インスタグラムでは、発信者がより収益化しやすくなる仕組みが次々にリリースされています。情報収集や試行錯誤をしながら、自分に合った機能を取捨選択していきましょう。

> **point**
>
> 新しい機能がリリースされたら、さまざまな人の使い方を見ながら、どのように使うとよいか研究してみると参考になる。

38

メタ認証を取得する
2つのメリット

　著名人やフォロワー数の多いアカウントに、青いチェックマークがついているのを見かけたことはありませんか。

　これは、メタ社が「このアカウントが本物である」と認めたことを示す認証バッジのマーク。この認証を**メタ認証**といいます。

　これまで著名人などにしか認められていなかったこのメタ認証が、月額制で購入できるようになったことをご存じでしょうか。

　ここでは、このメタ認証を取得する2つのメリットを紹介します。

メリット① トラブルに対して優先的に対応してもらえる

「有名人でもないのに、メタ認証を取っても意味があるのかな」と思われるかもしれませんが、フォロワーが増えてくると、なりすましなどの被害に遭いやすいもの。

　メタ認証を取得しておくと、なりすましに遭いにくいのはもちろん、もし被害に遭ったとしても、メタ社から

@tabisuru_okami

のサポートを優先的に受けられるというメリットがあります。

メリット②投稿ボーナスを受け取ることができる可能性も!

もう1つのメリットは「**投稿ボーナス**」を**受け取ることができる可能性がある**ということです。

投稿ボーナスとは、投稿のインプレッション数に応じて報酬が支払われる仕組みのこと。YouTube で再生回数に応じて報酬が支払われるのと同じ仕組みだとイメージしていただけるとよいでしょう。

この投稿ボーナスは、1投稿に対して最大1万ドルまで支払われますから、今まで以上にインスタグラムで収益をあげることが可能になります。

ただし、メタ認証は月額制で取得できますが、この投稿ボーナスを受け取るには、過去にどのくらいのインプレッション数があるかなど、一定の基準があります。

メタ認証を必ず取得する必要はありませんが、フォロワー数が伸び始めたタイミングで、申請するかどうか決めるといいかもしれませんね。

---

point

メタ認証を受ける、つまり公式アカウント化すること自体が権威性にもつながる。今後のメタ社の方針も見つつ、時期を見て申請するかどうかを検討しよう。

第 3 章

▼

ハッシュタグ
攻略法

▲

39 「タグる」ユーザーが 増えている4つの理由

　若い人を中心に、インスタグラムでハッシュタグ検索をする、いわゆる「タグる」人がとても増えています。

　なぜ、ネット検索ではなくインスタグラム内で検索をするユーザーが増えているのでしょうか？

情報の鮮度が高い

　インスタグラムは、その日にあったイベントの感想や桜の開花状況など、鮮度の高い情報が得やすいという特徴があります。「今日あったフェスの感想が知りたい」「明日お花見に行きたいけど、どのくらい咲いているかな？」など、今起きていることを知りたいときには、インスタグラムはとても便利です。

情報収集が手軽

　通勤中やちょっとした空き時間など、私たちはスマホでネットを見ることが日常になっていますよね。

　スマホは画面が小さいため、長い文章よりも、ぱっと見ただけで情報がわかる画像や動画のほうが好まれます。

　インスタグラムはほかのSNSに比べても写真や動画がメインになっているため、情報収集にはもってこいのSNSだと言える

でしょう。

受け身でも情報を収集しやすい

インスタグラムにはハッシュタグをフォローする機能があります。そのため、気になるワードをフォローしておけば、自動的に自分のフィードに関連投稿が表示されます。

一度設定すればわざわざ検索する必要がないというのも、ハッシュタグ検索が好まれる理由です。

ネット上の情報がイマイチ信頼できない

インターネット上には膨大な情報が溢れていて、何が正しいか分からないと感じることも増えてきました。「高評価を付けてくれたら○○をプレゼントします」といったネットショップも増えているため、レビューの真偽を見分けることも難しくなってきています。

一方、ユーザーの属性を把握しやすく、生の声が得やすいインスタグラム内での情報を信頼する人が増えているのです。

インスタグラムのユーザー数は膨大です。そのなかから、自分というアカウントを見つけてフォローしてもらうのは至難の業。

ハッシュタグをうまく利用して、認知度を高めていきましょう。

point

ハッシュタグをうまく活用できれば、認知度を高めることができる。どのようにすればハッシュタグを活用できるか、学んで実践していこう。

40 ハッシュタグ活用の基本

ハッシュタグにはどんな効果が期待できるのか

すでにインスタグラムを使ったことがある人にとって、ハッシュタグをつけることは当たり前のように思われているかもしれませんが、ハッシュタグにはどのような効果があるのか改めて考えてみましょう。

1 新規アカウントへの拡散効果を狙える

最近、インスタグラムでは、フォロー外のアカウントの人気投稿がフィードに流れてくるようになりました。

ですから、フォロー外の人にあなたの存在を知ってもらうためには、そうした人気投稿としてフィードに表示されるか、発見欄やハッシュタグ検索で検索結果に表示されることが必要です。

ハッシュタグをうまく活用することができれば、フォロワーを増やすことができます。

2 言葉の認知度を高めることができる

例えば、新商品の商品名などは認知度が低いですよね。

しかし、ユーザーにハッシュタグをつけて投稿してもらうことで認知度を高めることができるのも、ハッシュタグの効果です。

最近では、新商品をリリースする前から「このハッシュタグを
つけて投稿してください」とインフルエンサーに依頼するケース
が増えているのですが、これは発売日に向けて商品名の認知度を
高めておく効果を狙った施策です。

「認知度が低い言葉をタグ付けしても……」と思われるかもしれ
ませんが、逆に言葉の認知度を高めることができるということも
覚えておくといいでしょう。

ハッシュタグの基本的な考え方

　このような効果を狙うためには、投稿内容に応じてハッシュタ
グを選ぶことがポイントです。選ぶときには、次の2つの視点を
意識しながら選んでみてください。

ブランドに関するワード……「#UNIQLO」や「#Baccarat」など
をハッシュタグにすると、商品やショップなどを検索しているア
カウントの流入を狙える。

投稿内容に関連するワード……「#サステナビリティ」「#ソロ
キャンプ」などをハッシュタグにすると、関心があるアカウント
の流入を狙える。

> **point**
>
> ハッシュタグをうまく活用できれば、新規アカウントの流入
> を狙えるほか、特定のワードの認知を意図的に広める効
> 果も期待できる。

41

ハッシュタグ、どこに入れるのが正解？

　ここまでハッシュタグの大切さを説明してきましたが、そもそも「ハッシュタグって、どうやってつけたらいいんだろう」と悩んでいる方はいませんか？

　ハッシュタグのつけ方には、いろいろなスタイルがあります。

　文章の最後にまとめてハッシュタグを入れる方法、文章の途中に入れ込む方法、縦に並べて置く方法などがあります。

YUKO__NAKAJIMA
投稿

yuko__nakajima 皆さんの今年の夏休み旅行はどこですか？

私は、アンバサダーをしている利尻島についに行けた✨

うちは2歳、6歳連れなので
利尻島2泊・礼文島2泊でしたが
一周60km程度なので
日帰りでも主要な観光スポットはまわれるかも＾＾

1,2枚目→オタトマリ沼
3,4枚目→オタトマリ沼のレストハウス
（ウニや貝などが食べられるよ）
5枚目→利尻島最大の観光スポット「利尻富士」
利尻島中の様々なところで色んな角度の利尻富士が見られるよ！
6,7枚目→「日本一行きづらいラーメン屋」で知られるラーメン味楽
Voicyでも話したよ！
8,9枚目→利尻島名物「ミルピス」
.

#利尻島 #スーツケース #キッズトラベル #利尻 #利尻富士 #日本の祭り #日本のお祭り #北海道旅行 #北海道 #離島 #離島巡り #離島好きな人と繋がりたい #離島旅行 #夏休み旅行 #子連れ旅行 #子連れ旅 #japantravel #花火大会 #花火デート #利尻島観光 #サゴジョー #sagojar

---

YUKO__NAKAJIMA
投稿

一周60km程度なので
日帰りでも主要な観光スポットはまわれるかも＾＾

1,2枚目→オタトマリ沼
3,4枚目→オタトマリ沼のレストハウス
（ウニや貝などが食べられるよ）
5枚目→利尻島最大の観光スポット「利尻富士」
利尻島中の様々なところで色んな角度の利尻富士が見られるよ！
6,7枚目→「日本一行きづらいラーメン屋」で知られるラーメン味楽
Voicyでも話したよ！
8,9枚目→利尻島名物「ミルピス」
.

#利尻島
#スーツケース
#キッズトラベル
#利尻
#利尻富士
#日本の祭り
#日本のお祭り
#北海道旅行
#北海道
#離島
#離島巡り
#離島好きな人と繋がりたい

まず、一般的には、画像左側のように、投稿の最後にハッシュタグをまとめて入れている人が最も多いのではないでしょうか。

　全体的にスッキリ見えますね。

　画像右側のように縦に並べると、自分がどのハッシュタグを入れたかが見やすいというメリットがあります。私も最初の頃は、この方法でハッシュタグを置いていました。

　ただ、文章のスペースが長くなりすぎてしまうのが難点です。

　また、「#今日は雨 だけど、#娘の誕生日 なので、#ケーキを買って 帰ります」のように、文章に入れるパターンもあります。

　これは、文章を目立たせるという意味では効果的ですが、「#今日は雨」「#ケーキを買って」などの言葉で検索する人は基本的にいないため、新規流入はあまり期待できません。

　これ以外にも、あまり一般的ではないものの、コメント欄にハッシュタグを入れる方法もあります。

　これは、投稿文の中に入れるとデザインが崩れてしまう場合や、PR で企業などから指定されたタグ以外のものを使いたいときに便利だと覚えておく程度でいいでしょう。

　なお、コメント欄に入れたハッシュタグは編集やコピーができないので、そこだけ注意してくださいね。

point

ハッシュタグは、それそのものを読むわけではないので、基本的には投稿文の下にまとめて入れておけば OK だと覚えておこう。

42

あなたにあったハッシュタグ戦略を考えよう

投稿数が多ければいいというものではない

ハッシュタグは自分で作ることも、すでにあるものを選ぶこともできますが、どちらにせよ重要なのが「投稿数」です。

「投稿数が多いハッシュタグを選ぼう！」と考える方が多いのですが、投稿数が多ければよいとは限りません。

なぜなら、たくさんの人が見てくれる可能性は高まる反面、上位表示される難易度も上がるというデメリットがあるからです。

ためしに、「#沖縄」を検索してみましょう。

沖縄は大人気のワードですから、このように何百万件、何千万件という投稿数になることもあります。

ハッシュタグ検索では、人気投稿や新着投稿が優先的に表示されますが、投稿数が多いとすぐに流れてしまいます。

しかし、投稿件数が少ないハッシュタグは、上位表示されやすい反面、検索される頻度が低いので、フォロワー外からの流入があまり期待できません。

ハッシュタグは「大・中・小」が基本！

では、投稿数が多いハッシュタグとそうでないもの、どちらを選べばよいのでしょうか。その答えは「どちらも」です！

ハッシュタグをつけるときには、投稿件数が多いもの、少ないもの、中くらいのものをバランスよくつけるようにしましょう。

多い、少ないの数は人によっても投稿のテーマによっても違ってきますが、基本として、次のように考えてください。

少ない……投稿件数が数千件～数万件
中くらい……投稿件数が数万件～数十万件
多い……投稿件数が数十万件～数百万件

投稿件数の少ないハッシュタグで上位表示されると、コメントやフォローが増え、エンゲージメントが高まります。

そうすると、投稿数の多いハッシュタグの中でも上位に表示される可能性が高まるのです。

point

自分の投稿に関連するキーワードの中で、投稿数のバランスを見ながら、自分にあったハッシュタグ戦略を考えよう。

43

あなたのアカウントの
傾向を知ろう

　いいねやコメントなどのアクションの中で、最もエンゲージメントの評価が高いアクションとはなんだと思いますか？

　実は、**他のアカウントの投稿を保存する行為が、最もエンゲージメントが高い**と言われています。

どんな投稿が保存されやすい？

　ネット上で見たサイトをブックマークしたり、画面をスクリーンショットして保存したりするときは、どんなときでしょうか。

　おそらく、「今忙しいから、後でゆっくり見よう」「この情報は役に立つからとっておこう」と思うときですよね。

　たとえば写真投稿なら、「いつか行ってみたいな」と思う国や街、絶景、商品やサービスの写真などが、保存されやすいでしょう。

　たとえば、「沖縄に行ったら絶対行きたいカフェ5選」「京都の絶景フォトスポット」といった情報は鉄板とも言えるでしょう。

　新商品の情報などを投稿する際には、商品名や型番の情報が書いてある部分の写真を入れておくと保存されやすくなります。

　ちなみに私は、ネイリストさんにオーダーをするためにネイル

のデザインをよく保存しています。

また、「自分もやってみたい」「あとでやろう」と思うような投稿もいいでしょう。

料理のレシピ、DIY のやり方、コスメ紹介、掃除道具紹介などを見て、保存したことがある人も多いのではないでしょうか。

では、文字投稿はどうでしょう？

文字投稿は情報をダイレクトに文字にして伝えられるので、「これは役に立つ」「後でゆっくり読もう」と思われると、保存されやすくなります。

文字投稿をメインで運用している方は、「後でまた読み返したいな」と思われるような投稿を心がけてみてください。

このように、どのような投稿が保存されやすいかという視点で自分の投稿を振り返ってみると、今後どのような投稿をすればよいかの参考にもなります。

ぜひ一度振り返ってみてくださいね。

point

投稿の保存はエンゲージメントの評価が高い。保存されやすい投稿を意識してみて。

44

ハッシュタグで
人気投稿にのるには

ハッシュタグを使ってフォロワー外からの新規流入を増やすためには、露出を高めることがやっぱり大切です。

あなたのアカウントが人気投稿の上位に表示されるためには、どうすればいいのでしょうか？

人気投稿の上位に表示されることを目標にする

スマホをお持ちの方は、インスタグラムアプリでハッシュタグ検索してみてください。このような画面が表示されるはずです。

仕様変更によって変わる可能性はありますが、注目していただきたいのはこの「トップ」の部分。ここには、インスタグラムの AI が「この投稿は人気が高い」と評価した投稿が表示されるようになっ

ています。

　トップに自分の投稿が表示されれば、ハッシュタグ検索をした
人の目に留まりやすく、あなたの投稿がタップされる確率がとて
も高まるわけです。

上位表示される確率を高める方法

　人気投稿にのるために重要なのが、「エンゲージメント」です。

　このエンゲージメントを高めるためには、他のユーザーたちと
の「親密度」がポイントです。

　なぜなら、人気投稿の上位に上がるかどうかには、いいねやコ
メント数、保存などのアクションが影響すると言われているから
です。

　**投稿した直後が最もいいねやコメントがつきやすいため、投稿
したあとのスタートダッシュはとても重要**です。

　最初にうまく軌道に乗せることができれば、人気投稿として表
示されやすくなります。

　フォロワーとのコミュニケーションを意識して投稿していきま
しょう。

---

point

エンゲージメントは、自分のアカウントの評価を高めるだけ
でなく、ハッシュタグ戦略でも重要な役割を果たす。さまざま
な視点から工夫を重ね、人気投稿にのることを目指していこ
う。

45 | 投稿と関係のない ハッシュタグは逆効果

ハッシュタグは、投稿と関連したものを使う

以前、100均の商品を使って夫が作ったアンパンマンのわらび餅をインスタグラムで投稿したところ、リーチ数が歴代1位になったことがありました。

どうやら、そのときにつけていたハッシュタグのうち、「#100均」というタグが要因だったようです。

「#100均」は投稿件数も多く、とても人気の高いハッシュタグです。そこで私は、100均とは関係ない他の投稿にも「#100均」というハッシュタグをつけてみることにしました。

ところが、100均とは全く関係のない投稿については、人気投稿の上位に上がってこなかったのです。

このように、いくら投稿数の多いハッシュタグでも、全く関係のない投稿は、人気投稿の上位に上がることはありません。

ハッシュタグは投稿内容と関連させることがとても大切だということが、この例からもお分かりいただけると思います。

投稿内容と関係のないハッシュタグをつけてしまうと、ハッシュタグ検索であなたの投稿にたどり着いた人から「知りたい情報が載っていなかった」とがっかりされてしまいます。

そうすると、「インスタグラムではほしい情報が手に入らない」「インスタグラムは使えない」とユーザーに思われてしまいます。

そうなることを避けたいので、**インスタグラムとしては、投稿内容とハッシュタグの関連性をとても重視しています。**

ですから、投稿と関係のないハッシュタグをつけると、あなたのアカウントの評価まで下がってしまいます。ここは注意してくださいね。

このようなお話をすると、「ハッシュタグは、何個くらいつけたらいいですか?」と聞かれることがあります。これについては、「インスタグラムも正式な見解を発表していないので、正解はありません」というのが私の答えです。

ただ1つ確かなのは、「**無駄なハッシュタグまでつける必要はない**」ということ! この点を意識して、うまくハッシュタグを活用してみてください。

---

point

ハッシュタグをつけるときは、必ず投稿と関連させよう!
投稿内容と無関係なハッシュタグは、あなたのアカウント
の評価まで下げてしまう可能性がある。

46

タイムリーな話題を織り込むことで ハッシュタグのマンネリ化を防ぐ

　ハッシュタグがマンネリ化すると、新規ユーザーの流入がだんだんと少なくなってしまいます。

　それを防ぐために活用したいのが、時事ネタです。タイムリーな話題や季節のイベントはあらゆる人が関心を抱くので、ハッシュタグ戦略にとても適しているのです。

映画やドラマ・アニメなど、 話題の作品を使う

　映画やドラマなどは、公開日があらかじめ決まっています。

　公開日の前から関連投稿を仕込んでおけば、公開後にあなたの投稿がバズる可能性もあるでしょう。

季節のイベントのタグを使う

　桜の開花や海開き、花火大会、紅葉、クリスマスやバレンタインデーなど、季節の行事もいいですね。

　多くの人が盛り上がる季節やイベントの際は、関連ワードが検索されやすくなりますので、ぜひ試してみてください。

　なお、投稿内容やアカウントの世界観がハッシュタグの内容とずれていると、あなたの投稿を見にきてくれた人が「ちょっと違

うな」と離れてしまいます。

**　時事ネタだからといって、世界観を全く無視してしまうことが
ないよう、気を付けましょう。**

　季節のイベントとして使いやすいものをあげておきますので、
ぜひ参考にしてみてくださいね。

1月：お正月・成人式・今年の目標
2月：バレンタインデー・節分・梅
3月：ひな祭り・ホワイトデー・卒業式・お花見
4月：お花見・入学式・新社会人・ゴールデンウイーク
5月：ゴールデンウィーク・こどもの日
6月：あじさい・梅雨
7月：梅雨明け・海開き・夏休み・旅行
8月：夏休み・お盆・花火、花火大会・帰省
9月：シルバーウィーク・新学期
10月：ハロウィン、コスプレ
11月：紅葉、紅葉狩り
12月：クリスマス・大掃除

point

季節のイベントや人気の映画・ドラマなどを織り込むこと
で、ハッシュタグのマンネリ化を防ぎ、新たな流入を促すこ
とができる。

第 4 章

▼

ストーリーズを
使った
コミュニケーション術

▲

47

ストーリーズの3つの特徴

4章では、ストーリー機能（ストーリーズ）についてお伝えしていきます。

ストーリーズは24時間限定で写真や動画を投稿できる機能で、今や、たくさんの人がさまざまな用途でストーリーズを使い、上手にビジネスにつなげています。

ストーリーズは、フォロワーをファンに育てやすいのが特徴。**「ストーリーズを制する者は、インスタグラムを制す！」** とまでいわれています。ぜひ、あなたもストーリーズをビジネスにつなげていってくださいね！

ストーリーズの特徴

1 24時間で消え、アーカイブが残らない

ストーリーズは24時間で消えてしまい、フィード投稿のようにアーカイブが残りません。

そのため、世界観やテーマに合致しているかどうかをあまり気にせずに気軽に投稿できます。

子どもを持つママがストーリーズでだけ子どもの顔を出した

り、ビジネスアカウントで商品開発の過程をチラ見せしたりと、ストーリーズはさまざまな使い方ができます。

2 プライベート感がある

自分が好きなタレントやミュージシャンの素が見られると、ファンとしてはかなり嬉しいですよね。

そういう自然体な姿やプライベートの様子をストーリーズで限定公開することで、視聴者との関係性を深めることができます。

フィード投稿に比べてリアル感も増すので、その時々の自分の思いをストーリーズに投稿する方も少なくありません。

3 コミュニケーションが取りやすい

ストーリーズには、後ほどお話しする「アンケート」や「クイズ」など、フォロワーとコミュニケーションを取りやすい機能がたくさんあります。

特に、商品の開発段階でアンケートを実施するといった工夫をすると、開発段階でユーザーの意見を取り入れられるだけでなく、フォロワーも参加意識を持ちやすくなります。

フォロワーとの親密度を高め、巻き込むことができるストーリーズを活用し、フォロワーをファンに育てていきましょう。

point

フィード投稿だけでなくストーリーズを使いこなすことができれば、フォロワーとの関係性をさらに深めることができる。

48 | ストーリーズでファンを作る秘訣

　　ストーリーズを使ったファンメイキングのポイントとなるのが、「ザイオンス効果」と「コミュニケーション量」です。

ザイオンス効果とは？

　接触頻度が多い人に対して、人は好意を抱いたり高く評価したりする傾向があります。これが「ザイオンス効果」です。

　最初は気にならなかったのに、テレビCMなどで何度も目にするうちに、商品がほしくなったことはありませんか？
　また、テレビによく出演しているタレントさんに対して、会ったこともないのに親近感を抱いてしまうことがありますが、このようなものがザイオンス効果と呼ばれます。

　このザイオンス効果を、インスタグラムでも活用しましょう。
　ストーリーズの投稿頻度を高めることで目にする機会を増やし、「見ているうちに好きになった」「興味が沸いてきた」という状況を作り出すのです。

　では、どうすれば何度も見てもらえる状況を作り出せるので

しょうか？

　最も確実な方法は、フォロワーのアカウントのトップ画像に、あなたのストーリーズのアイコンを表示させることです。トップ画像は何度も目にしますから、ザイオンス効果が期待できますね。

　ストーリーズは、そのアカウントとの親密度や新着投稿の有無を基準に、フィード画面の上方にアイコンが並びます。

　フィードの場合は1つ投稿が増えるとすぐに流れてしまいますが、ストーリーズはいくつかのアイコンが表示されますので、その特徴を生かせるといいですね。

コミュニケーション量を増やす

　フォロワーとのコミュニケーション量を増やし、エンゲージメントを高めることが重要なのは、フィード投稿だけでなく、ストーリーズも同じです。

　ユーザーとのコミュニケーションが活発なほど、ストーリーズがトップ画面に表示されやすくなります。

　定期的にフィード投稿をするのはもちろんですが、**ストーリーズはより頻繁に投稿する**ことを心がけていきましょう。

---

point

　ストーリーズでファンを作るためには、露出とコミュニケーションの量が重要！　一過性で終わるのではなく、継続して投稿していこう。

---

49 ストーリーズの閲覧数を 増やすコツ

　ストーリーズを投稿し始めると、最初は「なかなか閲覧数が増えない……」という悩みが出てくるかもしれません。

　それを回避するために、**トップ画像に表示される条件**を知っておきましょう。**ポイントは、関係性と投稿時間**です。

1 関係性が強いほど表示されやすくなる

　自分のアカウントのトップ画像を見てみてください。どのようなアカウントのストーリーズが表示されていますか？

　時間や日にちを変えて何回か確認してみると、いつも同じ人のストーリーズが表示されていることに気がつくでしょう。

　もう一歩踏み込んで考えてみると、トップ画面に表示されているのは、あなたがよく投稿をチェックしているアカウントや、コメントを送ったことがある、お互いにいいねし合う関係の人など、コミュニケーションが多く、関係性が深い人が多いのではないでしょうか。

　コミュニケーションとは、コメントやいいねを「される」だけでなく、自分が「する」のでも OK です。

相互のやりとりができることはSNSの最大の強みですので、時には自分からコミュニケーションをとりにいくのもいいでしょう。

2 新着順に表示される

インスタグラムは情報の鮮度を重視しているため、フィード投稿同様、ストーリーズも新着投稿が優先的に表示されます。

1日のうちにいくつもストーリーズを投稿するときには、まとめて投稿せず、2時間おきにするなど投稿するなど、できるだけ時間帯をばらけさせましょう。

また、ストーリーズの表示を見てみると、「LIVE」や「Q & A」と書いてあるアイコンもありますよね。これは、そのアカウントがリアルタイムでライブ配信していることを示しています。

ライブ配信中のアカウントは、関係性にかかわらず上位表示される仕組みになっています。

つまり、ライブ配信をすれば、関係性が浅いフォロワーに対してストーリーズを表示させることができるというわけです。

ライブ配信が終わっても、配信時間が直近のものほど上位表示されやすいので、うまく活用してみてくださいね。

---

point

ストーリーズの仕組みを理解して、戦略的にコミュニケーション量と露出度を増やしていこう。

---

50 | ストーリーズでフォロワーとの関係を深める2つのコツ①

　ストーリーズでコミュニケーションを増やすためのとてもいい方法の1つが「**アンケート**」です。

　ここでは、アンケートの活用方法について解説していきます。

アンケート機能とは

　アンケート機能とは、その名の通り、ストーリーズの中で質問をして回答をタップしてもらう機能です。

　「犬と猫どっち派?」といったアンケートはもちろん、「神社とお寺、多いのはどっち?」などの二択クイズを作ることができます。

　面白いアンケートや気になるアンケートには、つい回答したくなりますよね。

　フォロワーが「答えたい」と思うようなアンケートをたくさん作ることができれば、たくさんのリアクションを受け取ることができます。

　コメントのようにゼロから考える必要がないため反応しやす

く、いいねよりも親密度や参加意識が高まりやすいのが特徴です。

気軽に答えられるものにする

アンケートを作るコツは、気軽に答えられる質問にすること。

ストーリーズは基本的に流し見されるもの。

ソファやベッドに寝転がってスマホを開いている人が、何も考えずに回答を選べるくらい気軽な質問がおすすめです。

少しでも立ち止まって考えさせたり、難しいと思われるようなアンケートは、そこで離脱されてしまいます。

あまりにも意味がない、おもしろくないものも興味をひくことができませんが、「どっちが好きですか?」「買うならどっち?」など、考えなくても答えられるくらいの簡単なアンケートにするといいでしょう。

point

ストーリーズは基本的に「流し見」されていることを意識して、質問内容を工夫しよう。

ストーリーズでフォロワーとの関係を深める2つのコツ②

ストーリーズで関係性を深めるためのもう1つの方法は、**クイズ・質問機能**です。

これはアンケートと似ていますが、回答の幅が広く、最大で4択まで作ることができます。

たとえば、インスタライブのテーマをフォロワーに決めてもらうのもいい方法です。自分が選んだテーマが採用されたらライブに参加したくなりますし、自分の意見を採用してくれたこと自体も好意的に受け取ってもらえるでしょう。

買ってきた花も綺麗ですが、種から育てていた花が咲いたら、感動も愛着もひとしおですよね。

同じように、フォロワー参加型でプロジェクトを進めていくと、フォロワーはあなたの商品やサービスに愛着を持ってくれるようになります。すべてでなくとも、商品名やパッケージデザインなど、ポイントで活用するだけでも効果的です。

またある方は、クイズ機能を使ってチャイルドシートや抱っこひもなどのおすすめを聞いたところ、同じくらいの子どもを持つ

ママがDMで詳しく相談に乗ってくれたこともあったとか。

　一方的に発信をするだけでなく、コミュニケーションをすることでさまざまなつながりが生まれていくのは、SNSの醍醐味とも言えるでしょう。

「質問」機能も活用してみよう

　アンケートやクイズ機能で反応が返ってくるようになったら、**質問機能**も試してみましょう。これは、こちらの質問に対して相手が自由に回答できる機能です。

　この機能を使う時は、1つコツがあります。

　それは、最初から「何でも質問してください」と漠然と質問するのではなく、

「最近コンビニで買ったもので美味しかったスイーツを教えて！」

「最近の投稿の中で、1番役に立った投稿は？」

　など、答えやすい質問から始めるということです。

　フォロワーとの関係性が深まり、認知度が高まってくると、「なんでも質問にお答えします！」だけでも質問が寄せられますが、最初はなかなか集まらないことも。

　焦らず、じっくりと関係性を育てていきましょう。

> **point**
>
> クイズや質問機能を使ってフォロワーを巻き込めば、さらに関係性を深めることができる。自分自身も楽しみながらやってみよう。

52 フォロワーとのコミュニケーションが増える3つの機能

アンケートやクイズの他にも、フォロワーとのコミュニケーションが増える機能があります。

1 絵文字スライダー

絵文字スライダーは、絵文字をスライドすることで質問に答えられる機能です。

「○か×か」という二択ではなく、「どのくらいそう思っているか」という微妙なトーンを表現できるのが特徴です。

2 カウントダウン

カウントダウンは、1年以内の特定の日時を設定し、その日までのカウントダウンを表示できる機能です。

ビジネスで使うときには、「セミナーまで○日」「インス

タライブまで〇日」など、自分の商品やサービスなどの集客に活用することで、自然に商品やサービスをPRすることができます。

3 お題スタンプ

お題スタンプは、設定したお題に沿った写真や動画を投稿することで、それに参加した人たちの写真や動画が多くの人たちにシェアされる機能です。お題と検索すると、「#今日のコーデ」や「#みんなが聞いている曲」など、さまざまなものがありますので、ぜひ探してみてくださいね。

スタンプをタップすると、同じお題に参加しているほかの人の投稿を見ることができたり、自分も投稿することができますよ。

お題は、自分で作ってもいいですし、多くの人が参加しているお題に参加してもいいでしょう。その時は、同じお題に答えている人にいいねやコメントを送ると、新規フォロワーの獲得にもつながりやすいですよ。

このように、インスタグラムでは定期的にさまざまな機能が追加されています。その時々によって、どの機能が閲覧されやすいかも変わりますので、新しい機能にも積極的にチャレンジしていけるといいですね。

point

投稿内容や目的に応じて使い分けつつ、楽しみながらフォロワーとの関係を深めていこう。

53

フォロワーの評価が高まる
自己紹介ストーリーズの作り方

　ここまで、ストーリーズのさまざまな機能を紹介してきましたが、**ストーリーズでほぼ100％フォロワーから共感を得られるテーマがあります。それが「自己紹介」です。**

等身大の自分のストーリーや思いを綴る

　自己紹介ストーリーズの作り方は簡単です。

　まずは、「私は〇歳で、2児の母をしながら、□□というサロンを経営しています。なぜこのサロンを始めたかというと……」というふうに、自分がしていること、なぜそれを始めようと思ったのかなどの「等身大の自分」を、数枚に分けてストーリーズに綴っていきましょう。

　自己紹介は唯一無二のストーリーなので、難しく考えなくても大丈夫。飾らず素直に書いていくことで、オリジナル性が出せるのがいいところです。

　これからビジネスを新たに始める人は、葛藤する思いや挑戦することで感じている怖さなど、今自分が感じているありのままを発信するのもおすすめですよ。

自己紹介ストーリーズを作るときに注意したいこと

自己紹介ストーリーズを作るうえで、注意点があるとすれば、1つの投稿に内容を詰め込みすぎないことです。

文字の量が多すぎると読み切れず、離脱されてしまいます。

動画は最大15秒、写真は3〜5秒で、次のストーリーズに切り替わるので、その時間内に読み終えられるくらいのボリュームにするといいですね。

思いがあればあるほど、ついつい語りたくなりますが、読みやすさをおろそかにしてはいけません。

もしも時間内におさまらない場合は、無理に詰め込まずに複数の投稿に分けるのがベターです。

この要領で10投稿ほど作ることができれば、十分に自分のことを伝えることができるでしょう。

なお、ストーリーズは24時間で消えてしまいます。長く保存したいときは「ハイライト」を作って保存しておくと、いつでも見られるようになります。

最初は少し手間がかかるかもしれませんが、一度作ると長く生かしていけますよ。

---

point

自己紹介ストーリーズは、プロフィール画像やプロフィール文以上に自分を知ってもらうチャンス。迷いや葛藤、熱い思いなど、等身大の思いをストーリーズで語ってみよう。

54

プロセスをシェアして
フォロワーを味方につける

　ここではさらに一歩進んで、**自分のビジネスにフォロワーを巻き込む方法**についてお伝えしていきます。それが、**プロセスをシェアすること（プロセスエコノミー）**です。

プロセスをシェアすることで、一体感が生まれる

　ここまでの項目の中でも少し触れましたが、ゼロから完成までを見届けた商品やサービスに対して、人は特別な感情を抱きやすいものです。

　それは、プロセスをシェアすることで、一体感が生まれるからです。

　例えば、あなたがコンテストやコンペに出るのなら、その準備段階を発信してみましょう。ときには、アンケートやクイズなどの機能をうまく活用してもいいですね。

　フォロワーが参加するシーンを作ることで、一緒に1つのものを作り上げているという意識が強まります。

【例】 手帳を作るプロジェクトをシェアする

　では、実際にどのようにフォロワーとプロセスをシェアしてビ

ジネスにつなげていけばよいのでしょうか？　ここでは、「新た
に手帳を作る」というプロジェクトを例にとってみます。

　まずは、手帳のデザインや内容について、アンケートやクイズ
を使ってフォロワーからヒアリングしていきます。

　色なら「赤・白・ゴールド・ピンク」、テーマなら「書きこむ
だけで美しくなれる手帳・行動ができるようになる手帳・時短マ
スターになれる手帳・自己肯定感が上がる手帳」などのように、
4択にしてみましょう。
　そして、アンケートの結果をシェアしたり、アンケート結果に
応じた進捗を投稿していくのです。

　こうして、フォロワーにどんどんアンケートを取りながら、実
際の制作過程をシェアしていくと、フォロワーは自分の意見が反
映された手帳ができあがっていく過程を見ることができます。

　ゼロからビジネスやプロジェクトを立ち上げるような機会はな
かなかないかもしれませんが、自分のビジネス全体というスケー
ルで見ても、プロセスエコノミーの視点は役に立つでしょう。

point

同じような商品がたくさんある現代においては、その背景
にあるストーリーに共感できることも、商品を選ぶ基準の1
つになっていることを覚えておこう。

55

リンク機能を生かして
ビジネスを発展させよう

　あなたがYouTubeや公式LINEなど、インスタグラム以外の
SNSを併用しているのなら、インスタグラムのアカウントと他の
SNSを上手にリンクさせて、ビジネスを発展させていきましょう。

公式LINEやメールマガジンにつなげたいとき

　公式LINEやメールマガジンのいいところは、登録さえして
おけば情報が自動的に入ってくるようになることです。

　発信側にとっては、個人に直接、確実に届けることができると
いうメリットもあるため、定期的に発信することでザイオンス効
果も期待できます。

　そのため、まずはインスタグラム上で興味を持ってもらい、そ
の後で、お店や企業の公式LINEやメールマガジンに登録して
もらうという動線を作りたいところです。

　ただ、公式LINEやメールマガジンは「登録する」というア
クションが必要です。そのためには、その手間をかけても「この
人の発信する情報を知りたい」と思ってもらえるような関係性を
築いておく必要があります。

加えて、「公式LINEに登録してくれた方には、○○をプレゼントします」や「□□に役立つ動画を配信します」など、登録するメリットを作っておくといいでしょう。

YouTubeやブログにつなげたい場合

　YouTubeチャンネルを運用している方は、インスタグラムからYouTubeにつなげるのもいいでしょう。

　これはYouTubeに限ったことではありませんが、**インスタから別のプラットフォームに飛んでもらうためには、「続きが見たい！」と強く思ってもらうこと**が重要です。

　YouTubeなら、ストーリーズで途中まで配信し、「続きはYouTubeへ……」としたり、ストーリーズの中でYouTubeチャンネルの内容を解説するなどもいいでしょう。

　ユーザーがつい気になってクリックしてしまうような、キャッチーな一言をつなぎに入れてみてくださいね。

　さまざまなSNSを運営することは大変ではありますが、フォロワーをファンに育て、自分のビジネスを発展させる有効な手段の1つです。いろいろなチャンネルでつながることができるよう、相互に連携することを意識してみましょう。

point

インスタグラムから他媒体につなげたいときは、アクションを起こしてもらえるようなメリットを用意しておこう！

第 5 章

▼

ターゲットに
リーチする
リールの使い方

▲

56

誰でもバズれる!
リールの基本

リールが好まれる3つの理由

暇つぶしに YouTube を見ようと思っても、何分もある長い動画だと、あまり手が伸びませんよね。

その点、数十秒しかない縦長動画は、スキマ時間にぱっと楽しめることから、とても人気です。

「縦長動画は暇つぶしに見るものだから、ビジネスには生かせないのでは?」と思う方もいるかもしれませんが、上手に活用すれば、ビジネスに活かすことは十分可能です。

その理由は、主に3つあります。

1 片手間で視聴できる

リールは最大でも90秒と短いため、スキマ時間を使って見やすいのが特徴。視聴してもらうまでのハードルが低いのが、リールのいいところです。

2 音楽を自由に使える

無音よりも、曲がついた動画の方が完成度が高く見えますよね。リールは使える音楽の種類が豊富で、ヒット曲や定番の曲な

ど、さまざまな曲が選べます。

　動画にエフェクトをつける機能も充実しているので、雰囲気の
ある動画を作りやすいというメリットもあります。

③ 新規フォロワー獲得に向いている

　リールはフォローしていないアカウントに対しても表示される
ため、バズる可能性が非常に高いのが大きな特長です。

　また、アカウントを育てる必要がなく、インスタグラムのアカ
ウントを開設した直後に投稿したリールが1万いいねを集める、
なんてことも不可能ではありません。

短い動画の方が好まれる

　リールには90秒までの動画を投稿することができますが、見る
方は、90秒だと少し長く感じてしまうもの。

　仕事や家事などの合間に見られることも多いため、**15秒くら
いの短い動画の方が、好まれやすい傾向があります。**

　編集してみて15秒に収まらないときは、思い切って動画を2つ
に分けてみるのも1つの方法です。

　基本をおさえながらリールにチャレンジしてみると、思わぬ反
応が返ってくるかもしれませんよ。

point

> 新規フォロワーを獲得するためには、絶対にリールは欠か
> せない。リールの特徴を理解して、あなたらしいリールをた
> くさん作っていこう。

57

リールでフォロワーが増える3つの理由

　リールをうまく使えば、あなたのフォロワーを爆発的に増やすことも不可能ではありません。

　そのためにも、フォロワーが増えるしくみを理解しておきましょう。

インスタグラムはリールを重視している

　これはインスタグラムに限ったことではありませんが、SNSでは、そのプラットフォームが「伸ばしたい」「力を入れたい」と思っている機能を活用することで、アルゴリズム上で高く評価されやすくなります。

　もともとリールは、TikTokのユーザー層をインスタグラムに呼び込みたいという狙いで生まれました。TikTokユーザーが増加傾向にある今、各SNSがショート動画機能を重視していく動きは、これからも続いていくでしょう。

　つまり、**今後もリールはアルゴリズム上で評価されやすい状況が続く可能性が高い**というわけです。

いろいろな層にリーチさせることができる

　ここ数年で、インスタグラムにはさまざまな機能が追加されました。

　うまく活用すればフォロワーを増やすことができ、ファンと直接つながることができることから、ビジネス目的でインスタグラムを使用する人もどんどん増えています。

　企業や個人事業主がインスタグラムを活用するようになったことで、ユーザーにとってはさらに「タグりやすい」環境となり、これまで以上にさまざまな人がインスタグラムを利用するようになっています。

　このように、インスタグラムでは、ビジネスを発展させやすい好循環が生まれていますが、それは言い換えれば、大型のショッピングモールやデパートの中にお店を開くようなもの。

　漠然と投稿しているだけでは、埋もれてしまいます。

　そんな中で、リールは既存のフォロワー以外のユーザーにアピールできる貴重な場です。さまざまな人にアプローチできるよう、投稿を工夫していきましょう。

point

インスタグラムはリールを強化している。新規フォロワー獲得に適しているため、うまく使えば大きくバズる可能性もある。

58 | リールからフォローまでの ポイント

「短期間でフォロワー数を大きく伸ばしてビジネスを広げたい！」そう考えている人にとって、リールは強い味方です。

ここでは、リール投稿からどのような流れでフォローに至るかを確認しましょう。

リールは入口にする

リールは、新規フォロワー獲得のための入り口として活用しましょう。

リールに興味を持った人は、「この人はどんな人だろう？」「もっと有益な情報があるかも」と思ってあなたのプロフィールやストーリーズ、フィード投稿などを確認します。

フォロワー数やいいねの数、コメントの数などもチェックされるので、これらの数が多いアカウントだと、「この人は信頼できるな」「影響力があるな」とポジティブな印象を持ってもらえます。

リールとアカウントの世界観を統一させよう

プロフィールや日常的な投稿の内容がリールと一致していたら、「フォローすれば同じような情報を手に入れられるかも」という期待感を持たせることができますが、逆に内容が大きくかけ

離れていると、離脱される可能性が高まります。

　思いがけない投稿がバズることもありますが、バズったからといってそういう投稿を連発すればよいというわけではありません。

　あくまでも、自分の世界観からかけ離れすぎないよう注意しましょう。

日頃の投稿も手を抜かない

　また、フォローされるためには、未来への期待感を持ってもらうこともポイントです。

「これから発信される情報を見逃したくないな」と思ってもらえることが、フォローされるかどうかの分かれ目になるので、期待感を持ってもらえるように工夫しましょう。

　そのためには、普段の投稿も手を抜かないこと。

　リールだけに注力するのではなく、全体をバランスよく育てていくことで、フォロワーは増えていくのです。

```
┌──────────────────────────┐
│      フォローまでの動線       │
│                          │
│ ①リールを見る                │
│     ↓                    │
│ ②有益な情報だと感じたらプロ      │
│   フィールへ                │
│     ↓                    │
│ ③プロフィールの内容やフォロ      │
│   ワー数、投稿内容などを確認     │
│     ↓                    │
│ ④「この人の情報を見逃したく      │
│   ない！」と思ったらフォロー     │
└──────────────────────────┘
```

point

> リールとアカウントの世界観がちぐはぐだと、全くフォロワーが増えないので注意!　仮に増えたとしても、後日、フォロー解除につながってしまう。

59 再生回数の落とし穴にはまらない!

　ここまで説明してきたように、リールは新規フォロワーの獲得にとても役に立ちます。そのため、人によっては、再生回数を伸ばすことを目標にしてしまうことも……。

　しかし、リールはあくまでも、あなたが叶えたい目標に到達するための手段。「叶えたい未来を手に入れるためには、どのようにリールを活用していくのか」を考えることがポイントです。

興味を持ってもらうきっかけとして活用する

　リールでは、直接オファーをしたり物販をしたりすることもできますが、おすすめなのは、興味を持ってもらう「きっかけ」としてリールを活用することです。

　リールは流し見されるものと書きましたが、オファーや物販をしようと思ったら、動画の中でたくさんの説明や売り込みをしなければなりませんよね。

　もし、リラックスしている時や移動中にこのような動画が流れてきたら、どうでしょうか。

　多くの場合、「宣伝だな」と思って飛ばしてしまいますよね。

たった1つの動画で商品やサービスの購入に至ることは、現代ではまずありえません。

　さまざまな情報やレビューを見てから判断するのが一般的です。

　そう考えると、リールを視聴→購入ではなく、リールを視聴→興味を持つ→アカウントをフォローという流れを狙っていくことが重要だということがおわかりいただけるのではないでしょうか。

　まずは、どのようにリールを活用すれば、フォローしたいと思えるほど興味を引くことができるのかをイメージしながら、リールを作ってみてください。

　そうすれば、再生回数を追い求めるよりも、着実に自分の世界観に共感してくれるフォロワーを増やしていくことができますよ。

point

リールは再生回数を伸ばすことが目的になってしまわないように注意！　目標を見失わないこと、自分の世界観とマッチしているかを大切にしよう。

60 | 視聴時間をのばす3つの秘訣

① 難しすぎない内容にする

リールの視聴時間を伸ばすためには、何が大切なのでしょうか？　**ポイントは、「平均視聴時間」と「視聴完了率」です。**

平均視聴時間が長いということは、それだけコンテンツが良質であるということ。

そして視聴完了率が高いということは、最後まで見る価値がある、面白いコンテンツだったという目安になります。

難しすぎるリールは、離脱率が高くなる

リールの視聴時間を伸ばすポイントの1つ目は、内容を難しくしすぎないことです。

例えば、何かを学ぼうとしているときと、リラックスしているときとでは、最適なコンテンツは違いますよね。

インスタグラムは隙間時間に見られることが多いので、内容が難しすぎると早々に離脱されてしまいます。

ボーっとリールを見ているだけで理解でき、疲れないくらいのコンテンツがオススメです。

情報に高低差をつけよう

逆に、簡単すぎたり、当たり前すぎるのも離脱の要因になってしまいます。

例えば、「フリーランスになる方法」というリール投稿が、「今すぐ会社をやめよう」とか「自分で稼ごう」というような誰でも知っている内容だけだったら、見ている人はがっかりしてしまいます。

もう少し深掘りして、「もしものときはこういう保障が使える」とか、「最初のクライアントを見つけ方」というような役立つ情報を入れることが重要です。

動画の見た目や音楽などの「絵面」はエンタメ寄りにすることを心がけましょう。内容はちょっとだけ難しい、もしくは役に立つ情報にして、絵面と内容のコントラストをつけると飽きずに最後まで見てもらえますよ。

point

リールは難しすぎても簡単すぎてもダメ。とっつきやすそうな見た目で、少し難しめの情報を発信すると、自然と視聴時間をのばすことができる。

視聴時間をのばす3つの秘訣

② 1回で全て理解させない

「たくさんの人にリールを見てほしい！」と思っても、例えば100人集めるのと1,000人集めるのとでは、難しさがかなり変わってきますよね。

　一方、同じ人が何度も視聴してくれれば、視聴人数が少なくても再生回数は増えます。では、どうすればいいのでしょうか？

文字は一度でしっかり見てもらうより何度も見てもらう

　画像だけの動画と違って、文字が入っている動画は読むのに時間がかかります。そのため、読むのにかかる時間も考慮しながら、どれくらいの文字量を入れていくのかを決めていきます。

　このとき、きっと多くの人が「最後までしっかり読んでもらえるように時間を調整しよう！」と思うものですが、実はその逆も1つの手です。**一度ではギリギリ読み切れないくらいの量のテキストを入れるのも、何度も見てもらいやすくなります。**

「なんだかちょっと……」と思うかもしれませんが、これには再生回数を増やす以外にも理由があります。それは途中で離脱されることを防ぐためです。

一度試してみるとおわかりいただけると思うのですが、しっかり文字が読める速度で展開する動画は、テンポが遅くて飽きてしまいます。

　とはいえ、あまりに早すぎるのも離脱されてしまいます。ギリギリの量を見極めることが肝心です。

動画の中に目をひくものを入れる

　例えば動画の背景でかわいい猫や犬などがちょこまか動いていると、その動きがかわいくて、ついついテキストではなくそちらを見てしまったりしますよね。

　このように、文字に集中できない状況を作るのも、「もう1回見よう」と思ってもらうためのポイントです。

　もちろん、内容と全く関係ないものはあまりおすすめできませんが、偶然に目を引くものが入り込むようにするのではなく、意図的にそういう仕掛けを入れ込むよう意識してみてください。

　再生回数が伸びたり、最後まで視聴されると、インスタグラムのアルゴリズムで多くの人に届くようになりますよ。

---

point

リールは新規流入を増やしやすいとはいえ、ユーザーを呼び込むのは難しい。まずは再生回数を増やし、エンゲージメントを高める工夫をしてみて。

62 視聴時間をのばす3つの秘訣

3 コメント欄、概要欄を活用する

コメント欄を読んでいる間、リールは再生され続ける

　視聴者がリールのコメント欄を見ている間、動画は再生され続けます。つまり、**コメント欄を読んでもらう時間が長ければ長いほど、視聴時間が増えていく**のです。

　動画の最後に「続きはコメント欄で……」のような一文を入れておいて、視聴者をコメント欄に誘導しましょう。
　また、リール内にユーザーへの質問を入れ、「回答をコメントに書き込んでくださいね」などの一文で締めるという方法もあります。この場合も、コメントを書き込んでいる間は、リールは再生され続けるのです。

　例えば、「クリスマスのイルミネーションを見るのにおすすめの場所を教えて」とか、「あなたが好きなコンビニスイーツを教えてね」など、情報提供を促すことで、視聴者がコメントで情報を補足してくれることも。
　それによって、ユーザーは「他の人は何を書いているのかな」とコメント欄を読んでくれるという効果も期待できるでしょう。

概要欄で動画の情報を補足する

コメント欄だけでなく、概要欄もうまく活用しましょう。

海外のビジネス系リールでよく見かけるのが、動画内の情報を概要欄で詳しく補足すること。

リールでユーザーに「詳しく知りたい！」と思わせることができれば、かなり長い文章であっても読んでもらえることが多いですよ。

@shupeiman

これまで紹介してきた3つから、ジャンルや世界観、投稿内容によって、どのような方法があっているのか考えつつ、工夫してみてくださいね。

---

point

コメント欄や概要欄でもっと興味を持ってもらったり、フォロワーとコミュニケーションをとりながら、「自動的に再生され続ける」という特徴をうまく利用できないか考えてみよう。

63

バズるビジネスリール
5パターン
❶ ビフォーアフター系

「ビジネス系のアカウントはバズりにくいよね……」。そう思っている方も多いかもしれません。

　ビジネスリールにもバズりやすいパターンがあります。TIAでも実際に、この方法で成功した受講生が続出しています。

ビフォーアフター系

　これはいわゆる**サクセスストーリー**のようなものです。前後の変化が大きいほどバズりやすくなります。

　例えば、生活保護を受けながら7人の子どもを育てている、あるシングルマザーの方がいました。

　かなり生活が厳しい状況からインスタグラムを始め、今や年商2,000万円を超える女性社長になっています。

　この方のように、ビフォーアフターのコントラストが強い方には、ビフォーアフター系がおすすめです。

　ビジネスですから、特に**数字を意識して示すこと**がポイントです。

　金額だけでなく、集客数5倍、3か月先まで予約殺到といった実

績を出すと、よりその情報の信頼性が増し、興味を持ってもらうことができるでしょう。

「そんなすごい実績なんてないよ……」と思う方もいらっしゃるかもしれませんが、大丈夫。
　いい機会ですから、自分のこれまでの努力を振り返ってみましょう。なかなかうまくいかないことが多かったとしても、「あれ、意外と自分頑張っているかも！」と思えるところが、きっと見つかりますよ。

　謙遜が美徳とされる文化の中で育った日本人としては、ビフォーアフターのように「頑張ってすごい実績を出しました！」とアピールするのは苦手な人も多いかもしれません。
　でも、そのサクセスストーリーが誰かの背中を押すこともあるということを、忘れないでくださいね。

point

「ビフォーアフター系」のリールを考えるときは、まずは自分の棚卸から始めるのも1つの方法。「世の中にはもっとすごい人もいるし……」と卑下せず、あなただけのストーリーをシェアしてみて。

64

バズるビジネスリール 5パターン

② まとめ系

具体的な方法をシェアしよう

すでにビジネスが軌道に乗り始めている方は、大きな成果を上げるまでに取り組んだことなどをコンテンツにする「まとめ系」がおすすめです。

まとめ系は、自然と文字が多くなりやすいので、先ほど紹介した視聴時間を伸ばす3つの工夫を入れやすいというメリットがあります。また、すべてを1つのリールで解説するのではなく、項目ごとに分けると、さらにエンゲージメントを高めることができます。

ただし、1つ注意したいのは、「自分にしか当てはまらない情報」にならないようにすること。

ビジネスのジャンルが違えば

@love.mao.uchino

仕事の仕方も全く違いますよね。

　それなのに「どんな仕事でも使える！」などと打ち出してしまったら、かえってフォロワーからの信頼を失うでしょう。「そんなこと知っているよ」という情報ばかりにならないようにすることも重要です。

　まとめ系は、具体的な方法をシェアすることで投稿が保存されやすく、有益な情報と思われれば、プロフィールを見てもらえる確率も高くなります。

　LINEやメルマガ登録の行動

@ko.so_mom_cooking

にもつながりやすくなりますので、あらかじめ動線も作っておくといいでしょう。

　自分にも「**人より得意なこと、詳しいこと**」がないか探してみると、意外に投稿の切り口が見つかりますよ。

point

まとめ系リールは、5つのパターンの中でも最もエンゲージメントを高めやすい方法。すごく大きな成果でなくても大丈夫。まとめられるものがないか考えてみよう。

65

バズるビジネスリール
5パターン

③ 実物を出して解説

実際に使っているところを見せる

これはビジネス系に限らず、よく見るタイプのリールですね。

化粧品の使用感や、商品の開封動画などをイメージしていただけるといいでしょう。

特に、新商品やこれまでになかったアイデア商品などは、どのように使えばいいのか、どんな効果があるのか、HPなどをよく読まないとわからないですよね。

こういうときは、動画で解説をするのがぴったりです。

使い方に限らず、写真だけでは、大きさや質感、硬さなどはなかなかわからないもの。そのため、実物を出して解説をすることで細かいところまでアピールできるのです。

ただし、リールの動画は短い方がいいとお伝えしましたよね。

こだわりがあるとついつい「あれもこれも」と情報を詰め込んでしまいがちですが、そんな時は概要欄とコメント欄を活用しましょう。

必ずプロフィールへ誘導する

　ここで1つ注意していただきたいのは、**リールにはURLのリンクが貼れない**ということです。これはフィード投稿と同様ですね。

　リールを見て興味を持った人を、ホームページなどへ直接誘導することはできないのです。

　そのため、必ずプロフィールにリンクを設置しておき、そちらに誘導するようにしましょう。

　あくまでも、リールは興味を持ってもらうきっかけです。その商品の1番のアピールポイントや、フォロワーの興味を引くポイントを厳選して紹介し、詳細はじっくりと見てもらえるよう工夫しましょう。

　「ビジネス系アカウントはバズりにくいから……」と最初から諦めるのではなく、さまざまな方法にチャレンジすることで、ジャンルや世界観、投稿内容にあったアプローチを見つけられるといいですね！

point

ビジネス系リールでは、ターゲット層にささる切り口にするのが鉄則。

66

バズるビジネスリール 5パターン

④ 裏側系

フォロワーとの距離を縮める

皆さんは、素敵な投稿を見て「どうやって撮影しているんだろう」と思ったことはありませんか?

裏側系は、そうした動画のメイキング映像をリールとして投稿する方法です。

こうしたメイキング映像は、映画などでもよくありますが、登場する役者さんたちの素の姿を見られたり、真剣な撮影風景や制作プロセスを見られるのは特別感がありますよね。

インスタグラムでも同じように、裏側系リールは「あのリールの裏にはこういう努力があったんだ!」「こういうふうに撮影するといいんだ!」など、ファンに喜ばれ、

@nken_second

バズりやすいようです。

自然とエンゲージメントが高まる

インスタグラムはどの投稿もキラキラして見えますが、実際にはとても地味なものだったり、その裏にはとても地道な努力が隠れていたりするものです。

そうした**投稿（理想）と現実とのギャップを見せる**ことで、ファンに親近感を持ってもらい、さらに距離を縮めることもできるでしょう。

この裏側系リールでは、動画のメイキング映像に限らず、料理やアクセサリーなど、何かを制作するプロセスを見せるのもいいですよ。

例えば、フィード投稿で紹介した料理を作るプロセスをリールで紹介する、アクセサリーをどういうふうに作っているのか、実際の制作風景を見せるなど、工夫次第で多くの人に興味を持ってもらうことができるでしょう。

自分の普段の投稿を振り返ってみて、裏側を紹介できるものがないか、考えてみてくださいね。

point

> 裏側系リールは、「フォロワーに親近感を持ってもらいやすい」「興味関心を引きやすい」というメリットがある。フォロワーとのコミュニケーションのきっかけにもなるので、試してみよう。

67

バズるビジネスリール 5パターン

⑤ ノウハウ系

自然とエンゲージメントが高まりやすい

ノウハウ系は、④の裏側系と少し似た切り口ですが、より「やり方」にフォーカスすることがポイントです。特に、動画で見ると手順や方法が分かりやすいものは喜ばれやすくなります。

このノウハウ系の1番のメリットは「自然とエンゲージメントが高まりやすい」という点です。

例えば、メイクやトレーニングの仕方は、1度見ただけでは覚えられませんよね。また、「今はできないけど、あとでやろう」「今度やってみよう」と思うことも多いでしょう。つまり、投稿が保存されやすいのです。

そして、実際やってみる際にも、一度ですべてを理解するこ

@nao.okinawa.video

とはできないため、何度もリールを再生してもらうことができます。

このように、保存数や再生回数が自然と伸びやすいというのがノウハウ系の最大の特徴です。

「やってみたい!」という気持ちを引き出す

他には、料理や掃除のコツ、100均グッズの活用法、ストーリーズや動画の作り方なども人気があります。

ストーリーズの作り方は裏側系と似ていると感じるかもしれませんが、自然な撮影風景というよりは、具体的な作り方が分かるといいでしょう。

そうすると、視聴者の気づきにつながり、「自分もやってみたい!」という気持ちが高まるでしょう。

ノウハウ系ストーリーズを作る時は、**視聴者の「やってみたい!」という気持ちを引き出せるよう、内容や見せ方を工夫してみてくださいね。**

point

自然とエンゲージメントが高まりやすいのがノウハウ系リールの最大のメリット。「こういうふうにするんだ!」という気づきや驚きがあると、よりバズりやすくなるので試してみて。

68

「飽きられない」
リール作り4つのポイント

9割以上のユーザーは、暇つぶしでインスタグラムを見ています。あなたのリールをたくさんの人に見てもらうためには、**「難しすぎず、でも飽きられない」コンテンツを作ることがとても大切**です。

1 音楽をつける

曲を選ぶときには、たくさんの人が聞いたことのある曲や、ヒットしている曲などを選びましょう。音楽の横に ↗ のようなマークがあるものは、インスタグラムのおすすめであったり、多くの人に使われているなど、1つの指標になります。

どう選べばいいか迷ってしまう方は、音源の利用回数が2万回以上前後のもので、動画に合うものを基準にしてみてください。

「これからヒットしそうだな」という曲が見つかったら、ヒットする手前で使うのもいいですよ。

曲がヒットすると、連動してあなたのリールがバズることもあるかもしれません。

2 見るだけで理解できる動画を作る

1つ目のポイントと矛盾するようですが、インスタグラムのユーザーは、通勤の電車の中や子どものお昼寝中など、他のSNSに比べて音を出さずに動画を見ることも多いので、目で追うだけで理解できるほうが好まれます。

3 画面に動きをつける

視聴者を飽きさせないために、画面に動きをつけましょう。テロップを入れたり、複数の動画をつなげてみたり、エフェクトを入れたりすることで、画面に動きが出やすくなります。

リールの編集機能や動画編集アプリなど、使いやすいものを探してみましょう。

4 情報を詰め込みすぎず、かつ浅すぎない内容にする

リールを15秒くらいにおさめることにこだわりすぎると、内容が浅くなってしまうことがあります。

当たり前のことだと思われるとフォロワーが離れてしまうので、「へー、そうなんだ！」と思ってもらえるような、難しすぎない内容を工夫してみてくださいね。

---

point

ユーザーは「暇潰し9割＋学びたい人1割」と考えて。多くの人にコンテンツを届けるためには、「タメになる」だけでなく、楽しめるような工夫も盛り込もう。

---

69 リールでの「オファー」は 控えめに

　リールを見てくれた人には、フォローやメルマガの登録など、次のアクションを起こしてほしいもの。

「気になったらフォローしてくださいね」「メルマガに登録して下さいね」などのアクションを求めることを「オファー」といいますが、リールでオファーをかけるときには、少し注意しておきたいことがあります。

リールはそもそも集客や物販に向いていない

　実は、リールは基本的に、集客をしたり物販をしたりするのには向いていません。リールを見る人は、何かを買おう、何かのサービスに申し込もう、という心の準備をしていないからです。

　基本的にリールはリラックスしているときに見ることが多いので、急に集客が始まったり物販が始まったりすると不快に感じやすく、「またか」とうんざりして離脱されてしまうのです。

　そのため、「フォローしておくと投稿を見逃しません」「フォローはこちら」など、ダイレクトに誘導するようなコピーは控えるのがベター。

オファーや物販などは、通常の投稿やまとめ機能を使ったショップ連携でしていきましょう。

オファーよりも効果的なアクションとは？

では、リールはどのように使うとビジネスに生かしやすいのでしょうか？

最も効果的なのは、「あなたのことを全く知らない人に興味を持ってもらう」ことに特化したコンテンツを投稿するということ。

リールはバズりやすい反面、どんなにフィード投稿などでよいことを発信していても、リールだけでアカウントに対する評価を判断されてしまうこともあります。

欲を出さず、まずは「どんな発信なら、タメになると思ってもらえるかな」「どんなところが興味を持ってもらいやすいかな」と考えてみましょう。

そして、プロフィールまで見に来てくれた人がフォローしたくなるよう、投稿のテーマや世界観、プロフィール写真などの要素を充実させておく。

遠回りように見えて、これが一番の近道なのです。

---

point

こちらから積極的にオファーをかけるよりも、「もっと知りたい」「この商品いいかも」という気持ちにさせることが大事。

70

「学びのユーザー」の
フォロワーを増やしたいときは

何かを知りたい、悩みを解決したいと思ってインスタグラムに訪れている「学びのユーザー」は、わずか1割だとお伝えしましたが、そうすると、「いくら工夫してもインスタグラムをビジネスに使うのは難しいんじゃない？」と思いますよね。

しかし、そんなことはありません。インスタグラムは非常に母数が大きいので、1割といってもかなりの数になるからです。

学びの1割をプロフィールに誘導しよう

1割の学びのユーザーからは、確実に自分に興味を持ってもらいたいですよね。

とはいえ、「しっかり学べる内容のコンテンツを作ろう！」と意気込む必要はありません。多くのユーザーは、高度な内容を求めているわけではないからです。

学びたいと思っているといっても、研修や講座ほど腰を据えて学ぶわけではありません。

「夜にたまたまリールを見ている過去の自分に、未来のために使えそうな情報をちょっとシェアしてあげる」。そんなイメージでコンテンツを作ってみてください。

無理にリールに情報を詰め込むのではなく、フォローすれば
もっと情報を得られることを伝えることで、プロフィール画面ま
でたどり着いてもらうことが重要です。

　こうしたことを意識すると、学びのユーザーに興味を持っても
らいやすいだけでなく、「隙間時間でインスタグラムを見ていた
ら、思いがけず興味のある情報に出会えた」という人にも届いて
いくでしょう。

刺激が強い投稿を好むユーザーを追う必要はない

　何かを強く批判する内容や、上から目線の投稿は、刺激が強い
ため、人から注目されやすいもの。こうした投稿はバズりやすく、
リールの視聴時間も長くなりやすいという利点があります。

　しかし、当然ながら、他人を批判したり、おとしめたとしても、
自分自身や自分のサービスの価値が高まるわけではありません。
　過激な投稿を好むアカウントは、あなたが発信している情報を
知りたいのではなく、ただ刺激がほしいだけ。
　目的を見失わないよう気を付けるとともに、「どんな人にフォ
ローしてもらいたいのか」を明確にして、その人たちに届ける工
夫をしていきましょう。

point

二兎を追う者は一兎をも得ず。どんなユーザーとつながり
たいのかがはっきりしていれば、見せ方や発信内容も見え
てくる。

71

まとめ機能の活用法

　今イチオシの商品をまとめて紹介したり、商品の取り扱い店舗をまとめて表示できたりすると、お客さまにとっても便利ですし、購買してもらえる機会が高まりそうですよね。そこで活用したいのが「まとめ機能」です。

　まとめ機能とは、場所タグやショッピングタグがついた投稿を整理して、アカウント内で公開できる機能です。
　まとめ機能のおすすめの使い方を3つご紹介します。

1 キュレーションやカタログのように使う

　まとめ機能では、自分の投稿だけでなく他人の投稿もまとめることができるため、キュレーションやカタログとして使うことができます。

2 ローカル情報を紹介する

　場所タグがついている投稿をまとめると、右のようにその場所がマップ上に表示されます。
　「京都でおすすめのパン屋さん」「渋谷で人気のカフェ」など、ローカル情報をまとめておくと、その地域の情報を求めている

ユーザーに閲覧されやすくなります。

　特に、観光スケジュールを立てるのに便利ですので、ホテル業や観光業の方は、ぜひ活用してみてください。

3 商品やサービスをまとめる

　アパレルやコスメなど、季節ごとにおすすめの商品が変わるビジネスでは、まとめ機能を使えば、「新商品」や「秋冬最旬コーデ」など、カテゴリーを決めて商品をピックアップするだけで大丈夫。

　一つひとつ商品を紹介するよりも、より幅広いユーザーに見てもらえる可能性も高まりますよ。

point

まずはこの3つを基本にしながら、他の人がどのような切り口でまとめているかも参考にしてみよう。同じ使い方でも、切り口が違うと印象がガラリと変わることもある。

▼

第 6 章

フォロワーを
ファンに変える!
インスタライブに
チャレンジしよう

▲

インスタライブの基本を理解する

インスタライブのメリット

インスタグラムをビジネスに生かすなら、積極的に活用していきたいのがインスタライブです。

インスタライブのいいところは、なんといってもリアルタイムでコミュニケーションが取れること！　**インスタライブを大いに活用して、フォロワーをファンに育てていきましょう。**

インスタライブでは、一度に最大4時間のライブ動画を配信することができます。

公開のライブは終わった後もアーカイブを残しておくことができますし、非公開でも30日間はアーカイブとして保存されますので、ライブを見逃してしまった人も後から閲覧することができます。

ライブ当日はもちろん、アーカイブの視聴数、ライブ中の視聴者とのやりとりも、エンゲージメントに影響します。

一度にいろいろな効果が得られるのが、インスタライブのメリットです。

ライブ配信では、個人情報に気をつけて

ただし、配信する際には個人情報の流出に注意しましょう。

リアルタイムで自分のいる場所がわかってしまうため、自宅の近所や自宅などでの配信は特に要注意。

特定されたくない場所で配信をするときには、場所がわかる情報が映り込まないよう、配信前に十分チェックしておくことを忘れないでくださいね。

また、ライブ配信が終わった後に、配信終了のボタンを押し忘れたまま日常生活に戻ってしまうことがあります。

意外に思うかもしれませんが、実はよくあるミスの1つです。

まずはインスタライブの「練習」機能を使って機能や使い方を確認するのもいいでしょう。

最初は緊張すると思いますが、視聴者が増えてくると、リアルタイムでコミュニケーションをとる楽しさも感じることができるでしょう。

ハードルが高いと感じているかもしれませんが、勇気を出して一歩を踏み出してみてください！

point

フォロワーとリアルタイムでコミュニケーションがとれるインスタライブ。個人情報の流出に注意しながら、上手に活用してエンゲージメントを上げていこう。

73

インスタライブをやる前に 考えたい2つのポイント

インスタライブは、思いついたときにすぐ始められる手軽さが魅力ですが、**物販や集客につなげたいのなら、「日時」と「テーマ」を決めることがとても大切**です。

事前に計画を立てて告知を重ねることで、ライブを見てくれる人の数が増えるからです。

ライブの日時の決め方

配信日時は、ターゲット層となる人が参加しやすい時間帯はいつなのかを意識して決めましょう。

例えば小さな子どもを育てているママがターゲット層なのであれば、22時頃までは子どもの寝かしつけがあるので参加しにくそうですね。

しかし、幼稚園への送迎後やランチタイムは、比較的参加しやすいかもしれません。

また、できれば「金曜日の夜」や「水曜日のお昼」というふうに、曜日と時間を固定してインスタライブをできるようになると、視聴者にとってもわかりやすく、結果に結びつくスピードも

速まります。

　また、告知は1週間くらい前からスタートさせましょう。一度や二度の告知では見た人が忘れてしまうので、告知は何度でも、しつこいくらい行って構いません。

テーマは「見たい」と思われるものを選ぶ

　テーマは、自分が伝えたいことよりも、ターゲット層が興味があること、もっと知りたいと思っているようなことを選ぶといいでしょう。

　複数のテーマで迷ってしまったり、そもそもあまり思いつかないときには、ストーリーズでアンケートをとるのもいい方法です。

　ちなみに、インスタライブを始めたばかりでまだ慣れていない、告知しても来てくれるか不安という人は、まずは「インスタライブに慣れる」ことを第一目標にして、思い立ったときに始めるゲリラライブをするのもアリ。
「誰も来てくれないんじゃないか……」と不安になるでしょうが、最初からたくさんの人が来てくれることはなかなかありません。

　また、少人数のほうがコミュニケーションをとりやすいので、フォロワーとの距離を縮めるのにはうってつけですよ。

---

point

インスタライブをビジネスに生かすなら、ライブの日時とライブのテーマは事前に決めておこう。ライブの告知も忘れずに!

74

インスタライブの
3つのポイント

❶ フォロワーとのコミュニケーション

　インスタライブを上手に使って、たくさんの人がフォロワーと
コミュニケーションを深めています。

　フォロワーからファンになってもらうためには、どのようにコ
ミュニケーションをとるようにするといいのでしょうか？

最初は、来てくれた人一人ひとりに声かけ・挨拶を

　ライブを始めると、誰が視聴を開始したかという通知があなた
のアカウントに送られてきます。通知をチェックしながら、「今
日は○○さんも来てくれたんですね！」「こんにちは！」など、
ライブ中に、来てくれた方に挨拶していきましょう。

　挨拶の時間が長すぎると飽きられてしまうので、基本的には長
くても30秒くらいにするといいでしょう。話の途中に挨拶をはさ
むなどの工夫をして、離脱されないようにするのも大切です。

本編は、双方向のコミュニケーションで進めていこう

　挨拶が終わったら、その日のライブのテーマを簡単に紹介し
て、本題に入っていきます。

　ここで大切なのが、一方向ではなく、視聴者の方との双方向の

コミュニケーションを心がけることです。

　例えば、あなたのライブのテーマが「京都のおすすめスポットの紹介」だったとします。

　このとき、おすすめスポットをただ紹介し続けるだけのライブになってしまうと、視聴者は聞いているだけなので退屈してしまい、途中で離脱される可能性が高まってしまうのです。

「他にもおすすめのスポットがあったら、コメント欄で教えてくださいね！」「銀閣寺近辺で素敵なカフェってありますか？」など、**積極的に質問を取り入れていきましょう。**

　視聴者はライブを聴くだけでなく、コメントを書き込む形でライブに参加してくれるようになります。

　コメントを読み上げたり、さらに追加で質問してみたりしながら、交流を深めていきましょう。

---

point

インスタライブでは、参加してくれた人にライブ上でお礼を伝えたり、質問をしてコメント欄に回答を書き込んでもらったりするなど、双方向のコミュニケーションを意識しよう。

75

インスタライブの
3つのポイント

② 価値提供

インスタライブに来てくれた方に対して、あなたならどんな変化や学びを提供することができそうですか?

例えばあなたがスポーツトレーナーならば、毎週1時間、ストレッチを一緒にするインスタライブを行うのもいいかもしれません。視聴者は、ジムに通わずに自宅でストレッチが学べるというメリットを受け取ることができますね。

夏休みの1か月、毎朝8時から親子ダンスのインスタライブをする、というのも楽しそうですよね。

こうして定期的に決まった曜日、決まった時間にインスタライブを重ねていくことで認知が広まると、最初は少なかった参加者がどんどん増えていきます。

インスタライブを他のサービスにつなげよう

インスタライブの評判が上がっていけば、「有料でも受けたい!」という声が集まることも!

実際に、どんどん参加者が増えて「もっと続けてほしい!」と

いう声を多くいただくようになり、オンラインサロンを作ることになったというケースもあります。

インスタライブで広く人を集めて情報を発信し、主催者と1対1で相談したい人をインスタグラムの非公開アカウントに誘導したり、Zoom などを使って個別相談を受けたりする人もいます。

こうした手法を「**インスタライブ・プロモーション**」と呼びますが、信頼関係を構築しやすい「ライブ」だからこそできる手法です。

人は何かを受け取ると、「お返ししなきゃ」という心理が働きます。これを「返報性の原理」といいます。

インスタライブであなたがたくさんの価値を提供できれば、そのお返しとして、たくさんのリターンを得ることができるのです。

最初は、小さな価値でも大丈夫です。自分にできる範囲で、価値提供にフォーカスしてライブをしてみてくださいね。

point

インスタライブでは、「ライブを見てくれた人にどのような価値を提供できるだろうか?」「見てくれた人がどんなふうに変化するか?」という視点を持ってみよう。

76

インスタライブの 3つのポイント

③ コラボして認知を広める

　1人でインスタライブをするのもいいですが、複数人で配信するとまた違った楽しさがあります。

「ライブルーム」という機能を使えば、最大4人まで同時にライブ配信をすることができます。

ライブルームのメリット

　ライブルームのいいところは、フォロワーを共有できること。

　仮にあなたのフォロワーが100人だったとしても、コラボ相手のフォロワーが1万人いたとしたら、1万人の人に見てもらえる可能性が生まれるのです。

　ライブルームをうまく活用することによって、新しく自分のことを知ってくれる人をどんどん増やしていきましょう。

　ちなみに、最初は単独でインスタライブを開いて、参加してくれた人をライブに招待することもできます。

　また逆に、他人のインスタライブに視聴者として参加して、その場で「ライブ配信に参加したい」というリクエストを送ることもできます。

自分が配信をするのももちろんですが、いろいろな人のインスタライブに参加してやり方を学んだり、飛び込み参加して場数を踏んでいくと、どんどん配信が上達していきますよ。

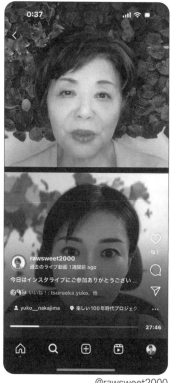

@rawsweet2000

point

インスタグラムをやっていると、インスタグラマー同士のつながりもできてくるもの。コラボ配信はお互いメリットがあるので、ぜひ提案してみて。

77

インスタライブを商品販売の
チャンスに変える

① 告知は多少しつこくてもOK!

　冒頭でもご紹介しましたが、インスタグラムはSNSの中で最も購買意欲を掻き立てるといわれています。

　そんなインスタグラムの機能の中でも、最も強力に商品やサービスをプッシュできるのがインスタライブです。

　実際に私の周りでも、インスタライブを使って商品を販売し、大きな成果を上げる方が続出しています。

　TIAの受講生の中には、わずか2時間のインスタライブで60万円の売上を上げた方や、1回の配信で商品が100個売れた方もいます。

　では、インスタライブで商品を販売するとき、どのような工夫をすれば、より買ってもらいやすくなるのでしょうか?

告知は必ず行う!

　先ほどもお伝えしましたが、**インスタライブをするときには、必ず事前に告知しましょう。しかも一度ではなく、何度も告知するのがポイント**です。

先ほど事例を紹介した方のうちの1人は、2週間前からライブの告知をしていました。

　本人は「ライブに誰も来てくれないのではないか」と大きな不安を抱えていたそうですが、蓋を開けてみると、100人以上の人が集まってくれたそうです。

「何度も告知をすると嫌がられるかも」
「宣伝ばかりでかえって悪い印象を与えてしまうかも」
　と不安になるかもしれませんが、心配はいりません。

　例えば、フィード投稿をしたとしてもすぐに流れてしまいますし、それを全員が見るとは限りません。

　また、告知投稿ではなく、通常の発信の最後にインスタライブの情報を盛り込むこともできます。

　カウントダウン機能を使うのもいいですね。

　インスタグラムにはいろいろな機能がありますから、どこかで目に留まるよう、そして覚えていてえもらえるよう、気にせずに何度も告知しましょう。

point

インスタライブの告知が少ないと、すぐに忘れられてしまう。いろいろな機能を使ったり、投稿の最後に必ず告知を入れるようにするなど、あの手この手で告知していこう。

78

インスタライブを商品販売の
チャンスに変える

2 プレミアム感を出そう

　テレビを見ていると、通販番組が始まることがありますよね。はじめは全くそんなつもりはなかったのに、説明を聞いているうちにほしくなり、ついつい買ってしまったという経験がある方もいるのではないでしょうか。

「個人ではそんなことはできない」と思われるかもしれませんが、それを可能にしてくれるのがインスタライブのいいところです。

　しかし、通販番組と違うのは、自力で視聴者を呼びこまなければならないということです。テレビは、「なんとなくつけていたら通販番組が流れてきた」ということがありますが、インスタグラムではそのようなことはありません。

　あなたの商品やサービスに興味がある方をインスタライブに呼び込むために大切なのが、「どうしてもインスタライブを見なければならない理由」を作ることです。

　どういうことか、詳しく説明していきましょう。

「ライブでしか得られない価値」を提供しよう

　インスタライブの中でしか買えない限定商品や特典が魅力的で

あるほど、「インスタライブに参加したい」という視聴者の気持ちを高めることができます。

例えばあなたがハンドメイド系の作家やアーティストなら、ライブ中に商品を作り、そのまま販売する「デモンストレーション販売」をするのもいいですね。
視聴者はリアルタイムで完成までの過程を見ることができるため、その商品に対する愛着が湧き、特別な感情を抱いてもらいやすくなります。

また、あなたがアパレル系の物販を担当しているのなら、できるだけ着たときのイメージがわかりやすくなる工夫をするといいでしょう。
例えば、身長や体型が異なる複数のモデルを用意しておく、商品をいろいろ動かして質感を伝えるなど、実際に着た感じをよりリアルにイメージできるようにすれば、購買率を高めることができます。

このように、インスタライブは工夫次第でいろいろなことができます。参加者限定特典をつける、ライブ参加者しか購入できない商品を用意するなど、まだまだたくさん工夫ができますよ。

point

インスタライブを物販に活用するには、まず「ライブに来てもらう」ハードルを突破する必要がある。参加しないと得られない情報や特典を用意して、特別感を出そう。

79

バッジ機能でチャンスを掴む

　インスタグラムには、ライブ配信中に視聴者が主催者に投げ銭できる「バッジ」という機能があります。バッジ機能をうまく使えば、インスタライブ自体を収益化することが可能です。

バッジの仕組み

　投げ銭には、120円・250円・610円の3種類があります。
　視聴者は自分の好きな金額を選んでバッジを購入し、それを配信中にコメントをつけて送信するのです。

　視聴者からのバッジを受け取るためには、まず自分のインスタライブにバッジ機能を搭載する必要があります。
　バッジ機能はビジネスアカウントもしくはクリエイターアカウントでしか使えませんので、バッジ機能を使いたい方は個人アカウントから切り替える必要があります。
　そのうえで、設定画面で支払情報などの項目を入力し、設定を完了させると、バッジ機能が使えるようになります。

バッジを購入してくれたら必ずお礼を伝えよう

　インスタライブ中に視聴者がバッジを購入してくれると、購入

されたバッジの種類とともに「〇〇さんがバッジを購入しました」という通知がきます。

　通知がきたら、「バッジを購入してくれてありがとうございます！」と、一言お礼を伝えるといいでしょう。
　当たり前ではありますが、お礼を伝えられると相手も嬉しく感じますし、コミュニケーションが深まります。

　このバッジ機能は、ライブ配信終了後にトータルの収益が表示され、一定期間が経過した後で、自分が設定している口座にお金が振り込まれます。
　よほどのインフルエンサーでもない限り、これだけで稼ぐようなことは難しいですが、収益をあげる1つの方法として覚えておくとよいでしょう。

point

投げ銭機能を使えば、インスタライブを収益化できることも。とはいえそれはハードルが高いので、投げ銭を狙うようなことはせず、コミュニケーションを深める1つの手段ととらえよう。

80

自己開示＋GIVEの精神で
ファンの心を動かす

　ここまで、インスタライブをビジネスに活用する方法をご紹介してきましたが、商品やサービスだけでなく、「あなた自身」のファンも増やしていきたいですよね。

　6章の最後では、ファンの心を動かすためのポイントについてお伝えします。

自己開示することで、相手の信用を得る

　あまり自己開示をしない人や、周囲に対して壁を作っている人には、「この人を信頼していいのかな」「相談していいのかな」と不安になりますよね。

　これは、SNSでも同じです。

　こちらから先に自己開示することで、フォロワーから安心感を持ってもらえますし、「自分もそう思う」「私だけじゃなかったんだ」と共感を得られ、フォロワーとの距離が縮まります。

　もちろん、話したくないことまで無理に話す必要はありませんが、画面の向こうにいる視聴者の方に向けて、できるだけ自分をオープンにしていきましょう。

ライフスタイルや生き方を開示する

　毎月海外旅行に行く女性起業家や、田舎でスローライフを送っている経営者、海のそばに住んで、毎朝出勤前にサーフィンをしているサラリーマン。

　インスタグラムにはいろいろな方がいますが、あなたが「この人の暮らし、素敵だな」と思ったり、「この人みたいな生き方をしてみたいな」と思ったりするのは、どんな人ですか?

　自分では普通だと思っていることでも、人によってはそれが憧れだったりすることもあります。**あなたのライフスタイルや生き方について、インスタライブで開示してみましょう。**

自分の思いを深く伝え、 共感者をファンに育てる

　私はよく「Give の精神が大事」ということをインスタライブでお伝えしますが、それは、同じ精神を持つ人に TIA に入ってきてほしいと思っているからです。

　インスタライブはメッセージがダイレクトに伝わりやすいため、商品やサービスに対する思い、仕事への思いなどを伝えると、それに共感してくれる人が集まってきます。その結果、ビジネスがとても楽になり、自然とフォロワーがファンになっていきますよ。

> **point**
>
> ライフスタイルや思いは共感を集めやすい。同じ価値観を持つ人たちにリアルな声を届けることで、ファンを育てていこう。

▼

第 7 章

もう困らない!
鉄板インスタ集客術

▲

見落としがちな集客の本質

「フォロワーの数が増えさえすれば、集客もうまくいくはず！」

　もしもあなたがこんなふうに考えているのなら、その考え方は少し危険かもしれません。

　TIA には、数万人のフォロワーを持つような方が「うまく集客できない」といって入学してこられています。

　つまり、テクニックやフォロワー数は、集客する上で重要ではあっても、本質ではないということ。

　集客の本質は、実は「**教育**」なのです。

フォロワーへの「教育」が集客につながる

　例えば、あなたの商品を買いたいと思っていない人に対して「買ってください」とオファーをしても、買ってくれる人は少ないですよね。

　一方、あなたの商品に対して「早く売ってほしい」「早く買いたい」とたくさんの人が行列をなしていたとしたら、どうでしょう？　開店すれば、商品が飛ぶように売れていくはずです。

　つまり、「自分にとって、この商品が絶対に必要」「この商品を

買うことで素敵な未来が手に入る」「よいほうに変われる」など、**あなたの商品やサービスを使うことによって自分が変わることに気づいてもらう、つまり「教育」することが重要**なのです。

　実際に集客がうまくいかない人を見ていると、ほとんどの場合、教育でつまずいてしまっています。

教育に必要な3つの視点

「教育」には、次の3つの視点が欠かせません。

- ●常に有益な情報を届け続ける
- ●夢を与え続ける
- ●ビフォーアフターが明確にわかることを示し続ける

「教育」がうまくいくと、どこかのタイミングで必ず「あなたの商品を買いたい」「あなたの商品が必要」と思ってもらえるようになります。

　そうなって初めて、「お店に来てください」「買ってください」というオファーが生きてくるのです。

　フォロワーやいいね数も大切ですが、この本質を見失うと、結果はついてきません。ビジネスとしてインスタライブを使うのであれば、必ず覚えておいてください。

---

point

集客の本質は、認知と教育。有益な情報を与え続けることで、自分の商品の価値を理解してもらおう。

82

集客がうまくいく人の共通点

目標の具体化と数値化が命！

インスタグラムを初めてから、ビジネスが劇的にうまくいくようになった。TIA では、そんな方が後を絶ちません。

彼女たちに共通しているのが、「**目標をより具体的にしていること**」と、「**数字に落とし込んで期限を決めていること**」です。

第1章でも、目標を数値化することの大切さを説明しましたが、集客においては「今日からこういう行動をしよう」と考えて実行できるくらい具体的な目標を立てることが重要です。

基準が分かると評価がしやすい

例えばあなたが美容師なら、
「インスタグラム経由で、今月10人の新規の方からお問い合わせをいただく。そのうち5人が実際に来店してくださる」
というところまで、目標を具体的に設定してみるのです。

そうすると、10人の新規の方からお問い合わせをいただくためには、何をすればいいのかが見えてきます。

それは「実際にカット、カラーした方の写真を投稿する」ことかもしれませんし、「お客様の感想を紹介する」「フィード投稿の閲覧数やいいね数を倍にする」ことかもしれません。

このように、目標が具体的であればあるほど、取るべき行動も具体的に決まっていくのです。

目標を具体化することのメリットは、もう1つあります。それは、行動や結果を客観的に評価することができるようになるということです。

漠然と「インスタグラムで集客したい」という目標のままだと、仮に30人集客できたとしても、それが妥当な数字なのかが分かりません。

その結果、自分の努力を過大評価したり、逆に「まだ足りない」「もっと頑張らなければ」と勘違いしてしまうのです。

達成感や幸福感は、ビジネスを継続していく上で、とても大切な感情です。楽しみながらビジネスを続けていくためにも、目標設定はしっかりと行いましょう。

point

「今何をすればよいのか」というところに結びつけられるくらい、しっかり具体的に目標設定をすることが重要!

83 | プッシュ型とプル型メディアの違いを意識する

「プッシュ型」と「プル型」という言葉を聞いたことはありますか？

　インスタグラムで集客するにあたり、まず押さえておいていただきたいのが、このプッシュ型とプル型メディアの違いです。

プッシュ型とプル型メディアの違い

　プッシュ型メディアとは、発信側が届けたい情報を、届けたいタイミングで見込み客に提供できるメディアのこと。

　例えば、メルマガや LINE 公式はプッシュ型メディアです。

　逆に、プル型メディアは受信者側がメディアにアクセスして情報を受け取るメディアです。

　YouTube やブログ、インスタグラムなど、多くの SNS はプル型メディアですね。

　プル型メディアは、受信者の能動的なアクションがなければあなたの情報を見てもらうことができません。

　ここまで、私は何度も、

「インスタグラムは世界観が大切です」

「フォロワーにとって役に立つ情報を発信することが大切です」

「フォロワーの共感を得ることで認知が高まります」

　とお伝えしてきましたが、それはインスタグラムがプル型メディアだからです。

　フォロワーに「見たい」と思ってもらえるような世界観や発信でなければ、どんなに頑張ってフォロワーを増やしたとしても、時間とともにフォロワーは離れていってしまいます。

　そう考えると、集客をしたいからといってどんどんPRしたり、商品の紹介ばかりしていると、フォロワーが離れていって当たり前だということがおわかりいただけるのではないでしょうか。

　インスタグラムで集客するときには、プル型メディアをどのように活用するのかを考える視点が、とても大切です。

point

インスタグラムはプル型メディアだからこそ、集客には工夫が必要。ダイレクトすぎるアプローチは逆効果になることもあるので要注意。

インスタグラムで集客する 3つの方法

前項ではプル型とプッシュ型メディアの違いについて説明しましたが、これを踏まえた上で、自分のサービスや商品の集客のためにインスタグラムを活用する方法を見ていきましょう。

インスタグラムを集客に生かすための3つの方法

インスタグラムを使って集客につなげるためには、主に次の3つの方法があります。

1 メールやLINE公式に誘導する

最も一般的な集客動線は、インスタグラムからメルマガやLINE公式への誘導です。

インスタグラムでは、プロフィールに1つだけURLを貼ることができるため、そこにメルマガやLINE公式の登録URLを貼るのです。

LINE公式やメルマガは、インスタグラムのフォロワーよりもあなたに興味を持ってくれている方が登録してくれることが多いので、より集客しやすくなるでしょう。

② 投稿やストーリーズを活用する

集客にインスタグラムを活用する方法として、投稿やストーリーズで教育するという方法もあります。

投稿やストーリーズを通じて価値ある情報を伝え続けることで、フォロワーを教育し、集客につなげていくのです。

しかし、これはあくまで商品の価値や魅力を伝えることが重要なのであって、「買ってください」といった直接的なオファーを前面に出すのとは違います。その点には注意しましょう。

③ インスタライブを活用する

ライブ配信は一般的な投稿よりもはるかにファンになってもらいやすいので、ライブを活用して集客する人も増えています。

この時、インスタグラムのアカウントを、一般向けのメインアカウントと、より詳しい情報を知りたいファン向けの非公開アカウントを分けておくのも1つの方法です。

メインアカウントのインスタライブで非公開アカウントに誘導し、非公開アカウントのライブ配信で集客するのです。

この方法は、知りたい人だけに情報を届けることができるだけでなく、ファンとの関係性も深めることができますよ。

point

> 3つのうち、自分に合った集客方法はどれなのか、テストしながら見極めていこう。

集客の基本は関係性作り

集客や購入に至るには、興味を持ち、もっと知りたいと思ってさらに情報を集め、「買いたい！」「参加してみたい！」と思う、という流れがあります。

あなたをフォローしてくれているということは、興味を持ってくれているということ。そこからLINE公式やメルマガなどに登録してもらうためには、関係性を深めていくことが重要です。

そのためには、あなたの商品の魅力や、それを使うことによって得られる未来、使った人に起きた変化といった情報を、インスタグラムで発信していきましょう。コメントやストーリーズなどを活用し、積極的にフォロワーとの関係性を作っていくのです。

地道に思えるかもしれませんが、有益な情報を発信し続けていくことは、インスタグラム運用の基本です。それなしには、フォロワーを増やすことも、集客をすることもできません。

登録のきっかけとなるプレゼントを用意

メルマガやLINE公式に登録するというハードルをクリアする1つの方法として、登録者特典をプレゼントするというものがあります。

私の場合は、LINE公式に登録してくれた方には、3時間分のインスタグラム講座の動画を無料でプレゼントしています。「このプレゼントがもらえるのなら、絶対登録したい!」と思ってもらえるような価値のあるものを用意しましょう。

ちなみに、プロフィール欄には1つだけしかURLが貼れませんが、「リンクツリー(linktree)」や「リットリンク」というサイトを使えば、複数のリンクをまとめて表示できます。ただ、選択肢が増える分、最も誘導したいメディアに登録してくれる確率はどうしても減ってしまいます。**絶対に誘導したいメディアがある方は、そのURLを貼るといいでしょう。**

@rawsweet2000

point

インスタグラムから他メディアに誘導するためには、まずは関係性作りから!

86

結果につながる集客法
1-2 メルマガへの動線の作り方

「メルマガや LINE 公式に誘導したらよいということはわかっているけれど、なかなか登録してもらえない……」というお悩みを抱えている方もいらっしゃるかもしれません。

その際に役に立つのが、DM（ダイレクトメール）です。

アクションのお礼を DM で行う

まずは、投稿にコメントをくれたり、フォローをしてくれた方に対して、DM で「フォローしてくれてありがとうございます」などのお礼を伝えてみましょう。

このときの注意点としては、急に関係性を詰めすぎないこと。「相手が求めている価値を提供して信頼関係を築いていく」というやり方は、DM でも同じです。

まずはお礼や挨拶をするにとどめておき、相手の反応を見ながらコミュニケーションを深めていきましょう。

アンケートを活用して DM につなげる

アンケートをうまく使えば、見込み客のニーズを拾って商品やサービスに活かすことができます。

例えば美容師であれば、「髪のことで最も悩んでいることは何ですか？」というアンケートを作成し、「乾燥すること」「うまくセットができない」などの選択肢を挙げておきます。

　そして、アンケートに答えてくれた人に対して、DMでお礼を伝えるとともに、その人が答えてくれたお悩みに対するアドバイスを少しお伝えしてみましょう。

　この方法は相手にも喜ばれますし、「こんなに親身になって教えてくれるなら、ぜひ美容室に行ってみたい」と、直接集客できる可能性もあります。

　また、「LINE公式では季節に合わせたヘアケアの方法も定期的にお届けしていますので、興味があればぜひ登録してみてくださいね」など、さらなる情報が得られることをお伝えすると、登録率も高まりますよ。

　一見手間がかかる方法にも思えますが、インスタグラムを始めたばかりの段階では、それほど多くの人からアクションが得られるわけではありません。

　丁寧に築いた関係は、簡単には壊れません。あなたのコアなファンを育てる第一歩にもなりますよ。

---

point

1対1でやりとりができるDMは、信頼関係を深めるために有効なツール。DMを送っても違和感がない導線を整えて、トライしてみよう。

87

結果につながる集客法
2-1 フィード投稿で直接集客する

集客投稿ばかりにならないよう気を付ける

この方法のよいところは、なんといってもスピーディーに集客できることです。

フィード投稿を見た人が、即申し込みをしてくれる可能性はゼロではありません。

しかし、デメリットもあります。

それは、投稿内容が集客になってしまうため、その投稿だけでは十分に魅力を伝えられないという点です。

この点をカバーするためにも、集客投稿以外のフィード投稿やインスタライブの内容を充実させて、そこで価値提供や教育ができるように設計しておくといいでしょう。

フィード投稿が集客ばかりになってしまうと、フォロワーの心は離れていってしまいます。

投稿のバランスには、十分に気を配ってくださいね。

投稿を活用した集客に向いているビジネスは?

この集客方法が向いているのは、ネイルサロンやエステサロンなど、店舗系のビジネスです。

また、カメラマンやなど、文章ではなく写真のほうが訴求しやすいビジネスもいいですね。

ちなみに、こうしたビジネスをしている人の多くが、インスタグラムから他のメディアへの導線を引いていません。

メルマガや LINE 公式は、基本的にテキストメディアですから、インスタグラム内で完結させるほうがあっているのでしょう。

もしあなたがそのようなビジネスをしているのであれば、プロフィールにお店の HP や個人サイトの URL を貼り、投稿からプロフィールへの誘導をしっかり行うだけでも、結果につながりやすくなります。

簡単なので、ぜひ試してみてくださいね。

point

フィード投稿やストーリーズ上で直接集客するのなら、コンテンツをしっかりと充実させることが成功のカギ!

88

結果につながる集客法
2-2 ストーリーズの活用法

1枚で完結させようとしない

ストーリーズはリンクを直接貼ることができるため、最も直接集客しやすい投稿機能です。

しかし、だからといってたった1枚の画像で集客しようとするのは得策ではありません。

なぜなら、それではフォロワーの感情は動かないからです。

確実に購入や参加に至っていただくためには、**「購入したい！」「参加してみたい！」という感情を呼び起こすような内容や構成を設計すること**が重要です。

そのためには、複数枚の画像に分けて伝えたいことや伝える順番を考えていきましょう。

フォロワーの感情を動かすのに特に有効なのは、そのサービスを受けた人のビフォーアフターや感想を紹介したり、商品の開発や取り組んでいる活動にかける思いを発信するということ。

また、店舗系のビジネスであれば、本日のおすすめメニューや、仕入れた新鮮な素材を仕込んでいる様子、ストーリーズを見た人限定のクーポンなども、「行ってみよう！」という気持ちを後押

しすることができますよ。

どこに着地させるかを決めよう

ストーリーズで集客する時のもう1つのポイントは「どこに着地させるのか」です。

どういうことかというと、例えばあなたがストーリーズを見ている時に、3万円のセミナーの案内があったとしたら、参加しようと思えるでしょうか。

いくら心動かされる構成で案内されたとしても、ハードルが高く感じられてしまいますよね。

ストーリーズで直接集客できるのは、高くても3000円くらいまでの価格帯の商品です。

それ以上の価格の商品やサービスの集客をしたい場合は、まずはストーリーズで無料セミナーを案内し、無料セミナーで有料セミナーへ誘導するといった段階を踏むのがベターです。

一生懸命になっていると、どうしても直接的な集客をしてしまいがちですが、焦りは禁物です。逆の立場だったらどう感じるかを考えつつ、トライアンドエラーを繰り返しながら、自分にとって最強のパターンを見つけていきましょう。

point

ストーリーズで集客するときには、コンテンツの作りこみが命！ 自分のビジネスに合った成功パターンを探っていこう。

89

結果につながる集客法
3 インスタライブ・プロモーション

インスタライブ・プロモーションとは、公開アカウントでのライブ配信からさらに Zoom ウェビナーに誘導し、集客やセールスをする手法です。

確度の高い人に深い情報を提供できる

公開アカウントは、あなたの商品やサービスに興味がある人だけが見ているとは限りません。

そのため、興味がない人から心ないコメントが入ったり、本当に伝えたい人に向けて発信できなくなってしまったりする恐れがあります。

そうしたことを避けるためにも、本当にあなたの商品やサービスに興味がある人だけを誘導し、集客につなげていきましょう。

「返報性の法則」 をうまく活用しよう

ライブ配信の大きなメリットは、信頼関係を築きやすい点です。

普段の投稿は、世界観やイメージをしっかり作りこむことができますが、ライブ配信はよくも悪くもその人の人となりがダイレクトに伝わります。

ライブ配信を続けることで、「普段の投稿通り、素敵な人だな」と思ってもらえれば、さらにファンになってもらえますし、あなたに親近感を抱いてくれるようにもなります。

　さらに、ライブ配信では直接視聴者の質問に答えることもでき、通常の投稿よりもパーソナルな情報を提供することもできます。

　パーソナルな情報は、一般的な情報よりも価値が高いですから、「ここまでしてくれるなら」と返報性の原理がはたらきやすくなるのです。

　そこで、タイミングよく講座やサービスなどの案内をすることができれば、お礼の気持ちとともに、講座を受けてみよう、サービスを利用してみようと思ってもらいやすくなります。

　もちろん全ての人がそう思うわけではありませんが、価値提供をし続けることにより、このような導線を作ることができるのです。

point

　無料では得られないような大きな価値提供をし続け、それによって相手の興味、関心を高めていこう。

90 誰でもできる！ 集客に困らない2つのポイント

　私が主宰している TIA は、広告を一切使っていなかった頃も、応募は毎回100名以上、入学倍率は常に6〜7倍を保ち続けています。

　このことを知った人からは「奇跡だ」と驚かれることも多いのですが、実は奇跡でもなんでもなくて、集客に困らない設計をしっかりと行っているのです。

　この方法を実践していただけば、誰でも集客に困らない土台を作ることが可能です。

集客する回数が少ない

　私は、4か月に1回受講生を募集しています。つまり、集客する回数は年に3回。しかも1回につき3日間しか募集しないので、1年のうち、9日間しか募集をしていません。

　「集客」というと、どうしても「何度もお知らせして多くの人に知ってもらわなければ」と思いがちですが、高い頻度で集客しないほうがいいのはなぜでしょうか？

　それは、**集客という行為によって、コツコツ積み上げてきた信頼残高が、激減してしまう**からです。

この方法で、私はたった3日間の募集で100人以上の受講希望者を集めていますが、これは日頃から価値提供をしっかりしておき、十分に「参加したい」「購入したい」という気持ちを醸成しているからこそできることです。

　また、集客期間を短期間にするというのも重要です。

　TIAに入ってこられる方の8〜9割は、募集を開始してから24時間以内に申し込んでいらっしゃるのですが、**人は「いつでも申し込める」と思ったら、なかなか申し込まないもの**なのです。

　つまり、3日間しか募集しないから100人が集まるのです。

変化がイメーできるような発信をしている

　2つ目のポイントは、「このサービスを受けることでどう変われるのか」を想像しやすい発信をすることです。例えば私の場合は、講座のカリキュラムや内容ではなく、受講生の変化や実績に関する発信をたくさん行っています。その投稿を見た方に「自分も同じように変われるかもしれない」と思ってほしいからです。

　まだ実績がない方は、自分自身のビフォーアフターを紹介するのもおすすめです。自分に起きた変化を、いろいろな切り口で投稿してみてください。

point

集客期間は長ければいいわけではない。むしろ集客期間は極力少なくして、それ以外の時間は全て価値提供に使おう。

第 **8** 章

▼

こういうとき
どうしたらいい?!
困ったときの対処法

▲

91 画像から個人情報を特定されないための注意点

　この章では、これまでにさまざまな方からいただいた質問の中から、インスタグラムを運用していくうえで直面しやすいお悩みをピックアップしました。ぜひ参考にしてみてくださいね。

画像を投稿する際の注意点

　近年特に、インスタグラムに投稿した画像から個人情報が流出し、思わぬトラブルに巻き込まれるケースが多発しています。

　個人に限らず、ビジネスでインスタグラムを利用する際にも、セキュリティ管理はとても重要ですから、投稿前には次のことに注意しましょう。

指紋が写っていたら消す

　今はスマホに搭載されているカメラも非常に高性能です。

　ピースサインや手相を見せる、商品を手に取るなど、何気ない仕草であっても、拡大技術と人工知能の技術によって、指紋が再現され、悪用されることがあります。

　できるだけ指紋が写らない角度で写真を撮る、編集機能で指紋を消すなどの対策をしておきましょう。

ライブ配信の場所は要注意

インスタグラムには、投稿画像の位置情報を自動的に消す機能が備わっています。ですから、投稿画像から位置情報を確認することはできません。

ただ、ライブ配信投稿では自分がどこにいるかが丸見えになってしまいます。自宅周辺や、今いる場所を特定されたくない場合には、その場を離れて配信するようにしましょう。

写っているものに細心の注意を

新車が来たので、写真を撮ってインスタグラムに投稿したところ、ナンバーが映り込んでいた。自撮りをしたら後ろにいた人たちの顔がはっきり写っていたなど、思わぬところで個人情報が流出してしまうことがあります。

過去には、アイドル活動を行っていた女性が自撮りをしてSNSに投稿したところ、自分の瞳に写りこんだ景色から自宅が特定されて襲われた事件もありました。

投稿時に、画像が圧縮されて画質が落ちるとはいえ、こうしたリスクがあることは、しっかりと意識しておくことが大切です。

point

カメラが高性能になるにしたがって、小さな画像からも個人情報が特定されやすくなっている。個人情報につながる情報が写っていないか、投稿前に確認しよう。

92 | 音楽や写真を使うときは 著作権に注意!

どんなときに著作権侵害になるの?

動画を投稿するときに、BGM として音楽をつけたいと考える方も多いと思います。特にリールでは、たくさんの方が、ヒット曲や有名な曲などをつけて投稿していますよね。

ここで気を付けなければいけないのは、著作権です。

インスタグラム上でリールや動画を投稿する際、さまざまな曲を BGM として選ぶことができるため勘違いしやすいのですが、インスタグラム上ではなく、自分自身で動画を編集する際に音楽をつけると、基本的には著作権侵害になってしまいます。

それだけでなく、楽曲を流しながら撮影した動画や、カフェやバーなど、BGM がかかっている場所でのライブ配信、カラオケ動画なども、著作権侵害になる可能性があります。

なお、インスタグラムが用意している音楽を使うのが問題ないのは、インスタグラムが作曲者などに使用料を支払い、著作権の許諾を得ているからです。それ以外にも、自分で作った曲、作曲者が著作権を放棄している場合などは、著作権侵害にはなりませんので、安心してくださいね。

また、最近はネット上にさまざまな写真、イラスト素材サイトがありますが、これも使用する時には注意が必要です。規約によっては、無料で利用できるのは個人使用のみとなっているケースも多々あります。

　最近では AI アートも流行していますが、これについても、使用する場合には著作権についてきちんと確認しましょう。

　簡単に画像が手に入るようになった反面、それが自分で撮影したものかそうでないかもすぐにわかる時代です。
「フォロワーが少ないから大丈夫だろう」などと思わず、利用条件はしっかり確認するようにしましょう。

著作権侵害は百害あって一利なし!

　インスタグラムには、著作権侵害を通報する仕組みがあります。
　そのため、仮に通報されると、投稿を削除するよう求められたり、最悪の場合アカウントが凍結されることも。
　ついやってしまいがちな行為ですが、アカウント凍結などといったことになれば、今まで積み上げてきた苦労が水の泡になります。著作権に配慮した投稿を心がけるようにしましょう。

---

point

著作権侵害は、ブランドイメージを低下させることにもつながりかねない。著作権フリーの音源や画像などを上手に活用しよう。

93

フォロワーの数と質、どっちが大事?

① 数を増やす戦略が適したジャンル

　フォロワーの数が増えると発信力や影響力が高まりますが、数を増やすことにフォーカスしすぎると、どうしても「あまりあなたに興味がなく、いいねやコメントなどの反応をしてくれない」、質が低いフォロワーが増えてしまうことも。

　フォロワーの質と数、どちらの方が重要なのでしょうか?

「もちろん質!」と思われるかもしれませんが、実はあなたのビジネススタイルによって異なります。

フォロワーの数を重視するのに向いているのは?

　もしあなたが、企業からの PR 案件を獲得したいと考えているのであれば、ある程度フォロワーの「数」が多いほうがいいでしょう。

　なぜなら、多くの企業やブランドが、より影響力のあるインフルエンサーに商品やサービスを PR してほしいと考えているからです。この場合は、フォロワー数が1つの指標になります。

　また、講師やお店の経営者など、ブランディングとしてインスタグラムを使う人も同じです。フォロワーが多ければ多いほど、

信頼感や説得力が増すでしょう。

　また、美容師やネイリストのように、指名を受けるような職業の方も、数を増やす戦略が向いています。

　例えば、あなたが美容室を探しているとき、フォロワーが300人のアカウントと2万人のアカウントとでは、どちらにお願いしたいと思うでしょうか。

　発信内容が同じだったとしても、ついつい「フォロワーが多いほうが人気なんだろうな」と思ってしまうのではないでしょうか。

　本を出版したい人やメディアに出たい人も同様です。

　メディア業界の関係者は、オファーをする前に必ずその人について下調べを行います。その際、必ずといっていいほどSNSはチェックされています。

　この場合は、フォロワーの数が多ければ多いほどいいというわけではなく、数も質も重視したほうがよいのですが、フォロワー数は1つの判断材料になることを知っておくといいでしょう。

　このように、**フォロワーの数は、周囲から「信頼感や人気度、発信力」としてみなされます。**

point

フォロワーの数と質はどちらも大事だが、どちらを重視するかはビジネスジャンルによって異なる。自分にあった戦略はどちらか考えてみよう。

94

フォロワーの数と質、どっちが大事?

❷ 質重視の戦略が適したジャンル

　前項では、フォロワー数を増やしたほうがよい場合について解説しましたが、質を重視した方がいいのはどのようなケースなのでしょうか。

フォロワーの質を重視した方がいいのは?

　質が高いフォロワーとは、先ほどもお伝えしたとおり「あなたやあなたの商品に興味がある」「いいねやコメントをしてくれる」ような方のこと。

　フォロワーの数が多かったとしても、関係性が弱いままでは購買には結びつきません。

　そのため、「できるだけ早くお店に来てもらえるようにしたい」とか、「3か月後から始まる講座の集客をしたい」というような場合は、フォロワーの質が重要になります。

　なぜなら、どんなに発信をしたとしても、そもそも興味がなければ反応してもらえないからです。

　短期間でフォロワーに行動を促したいときには、数よりも質を重視した戦略がベストです。

まずは、これまでに紹介してきたように投稿を積み重ね、それに反応してくれた人とどんどんコミュニケーションをとっていきましょう。

　特に、コメントでやりとりをする、DMを交わすなど、1対1のコミュニケーションをとる機会が多いほど、あなたとフォロワーとの関係は親密になっていきます。
　そうすると、フォロワーの数が少なかったとしても、あなたの商品やサービスを買ってもらえる確率が高まります。

　ちなみに、**質と数、どちらかを必ず選ばなければならないわけではありません。**
「最初は質を重視して、軌道に乗ったら数も増やしていこう」
「最初からどちらにも注力しよう」
　など、バランスは自由に決められます。
　状況に応じて戦略を変えるのも自由です。
　目的に応じて、いろいろ試してみてくださいね。

> **point**
>
> 商品やサービスをリリースするときなど、短期間でフォロワーになんらかの行動をとってほしいときには、フォロワーの「質」を重視した戦略をとろう。

95

インスタグラムとスレッズの違いを生かすには

炎上しにくい、 新しいテキスト共有 SNS

Threads（スレッズ）とは、インスタグラムを運営するメタ社が提供するテキスト共有アプリです。

公開初日に3000万ダウンロード、5日で1億ユーザーを突破するなど、これまでの SNS に比べて段違いの広がりを見せた SNS としても注目を集めましたよね。

スレッズは、インスタグラムのアカウントと連動する形でログインでき、自動でアカウントが紐づけられます。

X（旧 Twitter）が利用制限をかけた時期に公開になったこともあり、登録者が急増したという背景もありましたが、今はその波も落ち着き、基本はインスタグラムと同じユーザー層が使用しているようです。そのため、インスタグラム同様、炎上しにくいという性質を持っています。

インスタグラムとの違いは 「拡散力」

「ユーザー層が重なっているなら、わざわざスレッズまでしなくてもいいんじゃない？」と思う方もいらっしゃるかもしれませんが、スレッズにはインスタグラムにはないメリットがあります。

それは、**拡散力が高い**ということです。

　インスタグラムにはXでいうところのリツイート機能がありません。そのため、拡散されるためには、発見欄や人気投稿にのる必要がありますが、スレッズには再投稿機能があります。
　また、投稿にURLを貼ることができるというのも、インスタグラムとの大きな違いでしょう。
　そのため、スレッズの拡散力を活かして認知を広め、もっと詳しく知りたい方をインスタグラムへ誘導するという動線を作ると、両者を活かすことができるでしょう。

　一方、ハッシュタグをつけることができないこと、ユーザー検索はできるものの、キーワード検索はできないことなどから、情報収集はインスタグラムのほうがしやすいと言えます。

　とはいえ、これだけSNSがあると、あれもこれもと手を出した結果、どれもおろそかになってしまうことも。
　スレッズは、インスタグラムほどビジネスをしやすい環境が整っているわけではありません。しかし、これから伸びる可能性を秘めたSNSでもあります。余裕がある範囲で、楽しみながら育てていけるといいですね。

point

拡散力がスレッズの魅力。インスタグラムとの違いを意識しながら投稿することで、両者を活かしあっていこう。

96 フォロワーとのトラブルや、困った人との向き合い方

スパムや不快な DM などが送られてくるとき

フォロー数やフォロワー数が増えると、スパムや不快な DM を送ってくる人などが出てきます。

これはどうしても避けられないことなので、気にせずスルーするのが、一番いい対処法です。

大抵の場合はこちらがスルーしていれば収まりますが、中にはスルーしても DM を送り続けてくるアカウントもあります。

そういう場合は、迷わずブロックしてしまいましょう。また、性的な画像などを送ってくるアカウントは、インスタグラムに通報するのも1つの方法です。

アンチへの対処法

これは、私が受講生の皆さんによくお伝えしていることなのですが、そもそもそのようなコメントを気にしすぎる必要はありません。

もしかすると、本当にこちらのことを思っている人もいるかもしれませんが、もしそうだとしたら、コメント欄のような公共の場で誹謗中傷するようなことはしないでしょう。

また、そうした人は多くの場合いろいろな人に対してそういった行動をしていますので、もしアンチコメントが来ても真に受けたり、反応する必要はありません。

　反応をするとかえってエスカレートすることもありますから、基本はスルーしてしまいましょう。

　あまりにも目に余るようなら、コメントの削除やブロックをしてもいいと思います。

　絶対に避けたいのは、たった一握りのアンチのひと言で、あなた自身が傷ついてしまったり、投稿自体をやめてしまうこと。

　あなたが投稿をやめてしまうと、あなたに共感してくれ、投稿を楽しみにしてくれているフォロワーにとってマイナスになってしまいます。

　人は、全ての人に好かれることはできません。

　認知度が高まれば高まるほど、さまざまな人の目に触れることになりますから、時には傷つくこともあるでしょう。

　しかし、そういうときは「アンチコメントが来るほど認知度が高まったんだな」と思い、自分の努力を認めてあげてください。

　そして、自分を応援してくれているフォロワーや、自分自身の目標を思い出して、前向きに取り組んでいきましょう。

point

> フォロワーが増え、認知度が高まってくると、困った人にからまれることも。「認知度が高まってきた証拠」と思い、真に受けすぎないように気をつけよう。

97

自分の商品がなくてもインスタグラムは収益化できる?

普段の自分の投稿に合わせて考えよう

「インスタグラムで何かを始めたいけれど、自分でビジネスをしているわけではない」。そういう方でも、インスタグラムで収益をあげている方はたくさんいます。

その方法は、アフィリエイトです。

アフィリエイトは成果報酬型広告とも呼ばれ、自身の貼ったリンク経由で商品が購入されると、成果に応じた報酬が得られます。

インスタグラムでは、リンクを貼ることができるストーリーズで商品を紹介し、24時間経過した後も閲覧できるよう、ハイライトに設置しておく、というやり方が一般的です。

フィード投稿で紹介し、「購入はストーリーズから」と誘導するのもいいでしょう。

こうしたアフィリエイトはサプリメントなどでよく見かけますが、特定の商品に限らず、Kindle Unlimited や楽天ルームに誘導する方法もあります。

この方法であれば、

●お掃除の投稿をしている人はおすすめの掃除用品

●メイクについて投稿をしている人はメイク道具

●子育て情報を発信している人は子育てグッズやおもちゃ

のように、普段の投稿にあわせてさまざまな商品を紹介することができます。

フォロワーとの信頼関係が成果につながる

アフィリエイトというと、「フォロワー数が多いほうがよいのではないか」と思うかもしれませんね。

たしかにフォロワー数が多いほうが有利ではあるのですが、実際にはフォロワーとの親密性も重要です。

なぜなら、実際に購入してもらうためには、「この人がおすすめするなら買ってみようかな」と思ってもらえるだけの信頼が必要だからです。

アフィリエイトを活用すれば、インスタグラムで収益をあげることができますが、だからといってアフィリエイト目的の投稿ばかりをしていると、フォロワーは離れていってしまいます。

まずは「自分が叶えたい理想の未来」に向けて何を発信していくかを大切にするといいでしょう。

> **point**
>
> アフィリエイトにはさまざまな種類がある。まずは自分の普段の投稿内容やスタイルに合わせて、どのようにするのがいいか考えてみよう。

98

顔出しせずにアカウントを育てるには

うまく「雰囲気」を感じさせる

　顔出しをしなくてもフォロワー数を伸ばすことは十分可能です。実際、TIA の受講生の中にも、顔出しをせずにフォロワーを伸ばし、ビジネスを軌道に乗せている人はたくさんいます。

　ビジネスには信用が重要ですので、「顔を見せる」ことが一定の信用につながることは確かですが、そうしなくても信頼関係を築くことはできます。

　例えば右のように、**その人の雰囲気を感じさせる写真を使う**と、フォロワーに安心感や信頼感を与えることができます。

　なお、イラストをアイコンにしている方もいますが、この場合は自分の発信するジャンルと

| | 1,069 投稿 | 1.3万 フォロワー | 1,289 フォロー中 |

自分を極めて理想の未来を手に入れる | コーチング | ライフコーチ MIKI
アーティスト
▶愛と豊かさを手に入れるマインドを発信

▶初心者にも寄り添うインスタコンサル

▶20年以上人財育成✨
▶高評価のコミュニケーション力
▶言葉のエネルギーで軽やかに次元上昇✨

🤍自分を信じている人はこちら💎
↓↓
🔗 lin.ee/pp7Q8pQ

| | 643 投稿 | 2.5万 フォロワー | 2,294 フォロー中 |

kai🌿神戸/週末子連れ旅🧳 4歳娘とホテル巡り・海外旅・クルーズ・旅育/関西ワーママ
Ⓖ 27,768,695
\ちょっとラグジュアリーな子連れ旅なら任せて✨/
🍀アンバサダー
📷@cruise_ism 📷@aera_kids 🍀兵庫観光
🍀海外34カ国：親子旅12都道府県・海外2カ国
🍀いよいよ子連れクルーズ🚢🧳
🍀ご依頼はDMへ
🍀インスタ講座⭐7期開催中🈹

の相性を考える必要があります。

　例えばセミナーのようなビジネスをしている方であれば、やはりしっかり人物像がわかったほうが信頼を得やすいですよね。

　一方、旅行や美容といったジャンルなら、必ずしも顔出しをせずともフォロワーを飽きさせない発信ができるでしょう。

顔出ししていないアカウントに学ぼう

「顔出しをしなくてもアカウントを育てられることはわかったけど、顔出しせずにインスタライブをするのは難しいんじゃない？」と思った方もいらっしゃるかもしれませんね。

　しかし、これも工夫次第でクリアできます。

　TIA の受講生の中には、顔出しをしていない方もいますが、サングラスをかける、口元から下を映すような画角で配信するなど、さまざまな工夫をしながらインスタライブをしています。

　また、企業アカウントの「中の人」が登壇するイベントでは、アカウントのアイコンをお面のようにして、それをつけてセミナーをされていたこともありました。

　同じように顔出しせずにフォロワーを増やしているアカウントを研究してみましょう。学べることがたくさんありますよ。

point

無理に顔出ししなくても、アカウントは育てられる！　楽しみながら工夫しよう。

99

アカウント凍結、なりすまし、のっとりへの対処法

まずは予防策を講じよう!

まず大前提としてやっておきたいのは、「**日頃から十分に予防策を講じておく**」ということです。

凍結やなりすまし、のっとりは、起こってから対応しようとすると、ヘルプセンターに問い合わせをするしかありません。

しかし、多くの場合、解決するのは早くても数か月後。そんなに長い時間待つことはできませんよね。

特に、**予防策として最初にやっておきたいのは、「2段階認証の設定」と「パスワードを控えておく」**ということ。

意外かもしれませんが、TIA でもこれらをしていなかったことでトラブルに巻き込まれる人が、毎回1人はいらっしゃいます。

今はブラウザやアプリにパスワードを記憶させている人が多いと思いますが、必ずどこかにメモをしておきましょう。

ポイントを押さえて日々の投稿内容をチェックしよう

日々の予防策として重要なのは、「インスタグラムが嫌う(ガイドラインで規制している)行動をしない」ということです。

特に、性的な描写や、機械的ないいねやフォロー、不特定多数

に勧誘DMを送る、他人の写真を勝手に使うなどはNGです。

　盲点なのは、子どもが裸や水着で水遊びをしている画像なども性的描写と判断される場合があるということ。自分の子どもだからといって油断していると、突然警告を受けることがあります。

　それ以外には、手の上に美容液をのせている画像が性的な描写だと間違われたこともあるそうです。

　また、とても寒い日に「寒くて死にそう！」というテキストをつけてストーリーズを投稿したところ、「自殺をほのめかす投稿」だと判断されて凍結されてしまった事例もあったとか。

　投稿内容は、投稿前にもう一度チェックするようにしましょう。

　そして、もしそれでもトラブルに巻き込まれてしまったら、ヘルプセンターへの問い合わせと同時に、**新しいアカウントを立ち上げてしまいましょう**。本書で紹介したことを実践していけば、仮にアカウントを取り戻せなくとも、再びフォロワー数を伸ばすことができますし、元のアカウントが復活できれば、そちらへ誘導することもできます。

　トラブルに巻き込まれると、焦りや不安から投げ出したくなることもあるかもしれませんが、そういうときこそ「自分が手にしたい未来」を思い出し、気持ちを新たに行動していきましょう。

▶ **point**

　凍結、なりすまし、乗っ取りには、普段の予防策が最も大切。

100 新機能追加など、流れについていけないときは

フットワークの軽さと取捨選択のバランスが大切

本書でもさまざまな機能を紹介しましたが、インスタグラムは次々と新しい機能をリリースしています。そのため、「流れが速くてついていけない！」と感じる方もいるでしょう。

たしかに、SNSでは流行に乗ることも大切です。新しい機能が追加されたら「とりあえずやってみる」というフットワークの軽さが求められます。

しかし、なんでもかんでもやり続けていると、振り回されてしまったり、手が回らなくなってしまいます。

楽しみながらいろいろなことにトライし、結果を見ながら取捨選択するというスタンスでいるとよいでしょう。

また、新機能追加などの情報をどうやって得たらよいかわからないという方におすすめなのは、「**インスタグラムの最新情報を発信しているアカウントをフォローしておく**」という方法です。

インスタグラム公式や、インスタグラムの運用方法を発信しているアカウントなどをフォローしておくと、新機能が追加された際に分かりやすく紹介してくれますよ。

自分なりに意図を考えてみる

インスタグラムでは、今後もさまざまな新機能が追加されていくと考えられますが、新機能が追加された際にぜひやってみていただきたいのは「なぜこの新機能が追加されたのか、自分なりに考えてみる」ということです。

これはつまり、「メタ社が発信者にどのような行動を求めているのかを推測する」とも言いかえらえます。

インスタグラムのミッションは「コミュニティづくりを応援し、人と人がより身近になる世界を実現する」です。

本書では、あなたのインスタグラムをさらに伸ばすためのさまざまな方法を紹介してきましたが、これらは「インスタグラムのミッションに基づいて、どのような行動をすると評価が高まるか」を考えながら生み出してきたものでもあります。

インスタグラムをはじめとしたSNSは、依存性がとても高いものです。どんなに注意していても、新機能はもちろん、さまざまな情報に振り回されてしまうこともあるでしょう。

そうした時は一度落ち着いて、「自分が叶えたい理想の未来」を思い出してみてくださいね。

> **point**
>
> SNSは流行り廃りが激しいため、「どこで情報収集するか」「楽しめることと結果が出ることのバランスをどう取るか」を軸に判断していこう。

おわりに

発信力で人生は変えられる

　初めてインスタグラムと出合ったのは、2017年のこと。
「インスタグラムって何？」というところから、発信を始めて4
か月で1万フォロワーを達成。

　発信を楽しみながら次々と夢をかなえていく私を見て、さまざ
まな人から「インスタグラムの発信方法を教えてほしい」と言わ
れるようになり、TIAを立ち上げました。

　私が毎日トライアンドエラーしながら培ったノウハウで、多く
の受講生の人生が変わるのを目の当たりにして、今では「発信力
を持ち、女性が自分の力で 自由になれる社会を創る」という大
きな夢を持つようになりました。

　インスタグラムを通して、楽しんで発信しているうちに、「こ
んなことまで実現するの⁉」と想像もしていなかった未来が広
がっていき、さらに発信する楽しみが増していく。その連鎖を、
私自身はもちろん、TIAの受講生の多くが経験しています。

　ぜひ、本書を読んだ今日から、何か1つでも実践してみてくだ
さい。そこで起きた変化が、あなたが発信力で人生を変える一歩
になることを願っています。

　そのために、「発信力を手に入れて本気で人生を変えたい」と
思っている方に向けて、3つの強力なサポートを無料でお渡しす

る準備をしました。

① やりたいことが見つかる！　SNS を活用した働き方50

② 時間・場所に縛られない！　SNS ビジネス活用の具体例

③ 一瞬で惚れる！　目的別・魅力的なアカウント作成ステップ

　ぜひ、こちらの QR コードを読み取って私と LINE のお友達になっていただき、友達追加後に合言葉である「黄金律」をトークで送ってくださいね。

　最後になりましたが、本書を出版するにあたり、いつも女性の活躍推進を応援し温かく背中を押してくださる、日本一たい焼 FC オーナー、山本グループ51の山本隆司 さん（https://taiyaki51.jp/）、チーム侑子メンバーのみんな、TIA 受講生のみんな、関係してくださるすべての皆様に感謝しております。

　そして、最後まで読んでくださったあなたへ。

　ここまで読み進めてくださってありがとうございました。「発信力で人生を変える」一歩を踏み出したあなたと、直接お会いできる日がくることを、楽しみにしています。

　2023年10月

中島侑子

中島 侑子（なかじま・ゆうこ）

TOKYOインフルエンサーアカデミー主宰。医師。ミセスグランドユニバース2019アジア代表。1982年、東京都生まれ。16歳の時に母親がくも膜下出血を発症、何もできなかった無力な自分が悔しくて医者になることを決意、国立医学部に現役合格。研修医を終えた26歳から3年間バックパッカーとして1人で世界を周遊。ネパールの無医村やケニアのスラム街での医療巡回など、各国で医療ボランティアをしながら研鑽を積む。その時の「人を救いたい」という思いがきっかけとなり、救急救命医に。その後、妊娠中に自身が緊急手術を受けることとなり、人生観・仕事観を見直し「時間、場所に縛られずに自由に働く」ことを決意し産後1か月で起業。2017年秋にインスタグラムに出会い、目標達成やセルフブランディングを用いた独自の発信方法を編み出し「全ての女性は自分の力で自由になれる」をテーマにTOKYOインフルエンサーアカデミーを主宰。1か月でインスタグラム1万フォロワーを超える生徒、メディアからのオファーやPR依頼が絶えない生徒など、人生を変えるインフルエンサーを多数輩出する。

誰でもゼロからフォロワー1万人超が実現できる！
ビジネスInstagramの黄金律（ルール）

2023年11月10日　初版第1刷発行
2024年 5月30日　　第5刷発行

著　者——中島 侑子
　　　　　Ⓒ 2023 Yuko Nakajima
発行者——張 士洛
発行所——日本能率協会マネジメントセンター
〒103-6009 東京都中央区日本橋2-7-1　東京日本橋タワー

TEL 03(6362)4339(編集)／03(6362)4558(販売)
FAX 03(3272)8127(編集・販売)
https://www.jmam.co.jp/

カバー・本文デザイン——マツヤマ チヒロ（AKICHI）
編 集 協 力——金子千鶴代
本 文 D T P——株式会社森の印刷屋
印　刷　所——シナノ書籍印刷株式会社
製　本　所——株式会社新寿堂

本書の内容の一部または全部を無断で複写複製（コピー）することは、法律で認められた場合を除き、著作者および出版者の権利の侵害となりますので、あらかじめ小社あて許諾を求めてください。

ISBN 978-4-8005-9139-5　C2034
落丁・乱丁はおとりかえします。
PRINTED IN JAPAN